MALTA
Geschichte und Traditionen

Zeitleiste der Geschichte Maltas

c.5200 v. Chr. .... Ankunft der ersten Landwirtschaft treibenden Siedler führt zum Beginn der maltesischen Frühgeschichte

c.3600 v. Chr. .... Bau der ersten megalithischen Tempel

c.2400 v. Chr. .... Beginn der Bronzezeit-Kultur

c.700 v. Chr. .... Erste Kontakte der Phönizier mit den Inseln

c.550 v. Chr. .... Die Inseln unter der Herrschaft Karthagos

218 v. Chr. .... Nach einem Angriff im zweiten punischen Krieg besetzen die Römer die Insel

c.60 n Chr. .... Traditionelles Datum des Schiffbruchs des hl. Paulus

c.535 .... Malta kommt unter die Herrschaft von Byzanz

870 .... Die Araber erobern Malta

1091 .... Der normannische Graf Roger erobert Malta

1127 .... König Roger II. erobert Malta zurück und errichtet eine Garnison

1266 .... Die Zeit der Anjou

1282 .... Malta gehört zum Königreich Aragon

1530 .... Malta wird dem Johanniterorden als Lehen übergeben

1565 .... Große Belagerung Maltas durch die Türken

1566 .... Grundsteinlegung für Valletta

1571 .... Verlegung des Hauptquartiers des Ordens nach Valletta

1607 .... Caravaggio trifft in Malta ein

1661 .... Mattia Preti lässt sich in Malta nieder

1693 .... Malta wird von einem Erdbeben heimgesucht; Mdina wird dabei schwer beschädigt

1732 .... Einweihung des Manoel-Theaters

Topf und Keramikfigurine aus Skorba

Prähistorischer Tempel Ggantija

Schiffbruch des hl. Paulus

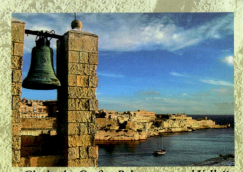

Glocke der Großen Belagerung und Valletta

Mdina

1769 .... Gründung der Universität Maltas, gefolgt von der Vertreibung der Jesuiten, die das Studienkolleg seit Ende des 16. Jahrhunderts betrieben hatten

1798 .... Großmeister Hompesch unterzeichnet die Kapitulation des Ordens vor Napoleon Bonaparte

1798 .... Erhebung der Malteser gegen die Besatzungsmacht der französischen Republik

1800 .... Kapitulation der Franzosen und Übernahme der Verwaltung Maltas durch die Briten

1814 .... Im Vertrag von Paris wird Malta als britisches Besitztum bestätigt

1849 .... Erste gewählte Vertreter für einen Regierungsrat

1883 .... Maltesische Eisenbahn nimmt den Betrieb auf

1914–18 .... Im Verlauf der Kämpfe zu Land und zur See im Mittelmeerraum im Zusammenhang mit dem Ersten Weltkrieg wird Malta als 'Krankenschwester des Mittelmeers' bekannt

1919 .... Straßenkämpfe in Valletta; britische Truppen töten vier Malteser

1921 .... Erste Selbstverwaltung

1940 .... Erster italienischer Luftangriff nach der Kriegserklärung Italiens an Großbritannien und seine Alliierten

1942 .... König Georg VI. verleiht Malta das George Cross

1964 .... Unabhängigkeit Maltas von Großbritannien; Malta bleibt Mitglied des Commonwealth

1974 .... Das maltesische Parlament erklärt Malta zur Republik

1979 .... Schließung des letzten ausländischen Militärstützpunktes

1989 .... Treffen von Präsident Michail Gorbatschow und Präsident George Bush in Malta und Ende des Kalten Krieges

1990 .... Erster Besuch von Papst Johannes Paul II. in Malta

2004 .... Malta wird Vollmitglied der EU

Landung Napoleons

Britisches Wappen am Palast, Valletta

Flugzeuge aus dem 2. Weltkrieg über Malta

Unabhängigkeitserklärung

St. Angelo während der EU Feier

Hintergrund: Detail einer spiralförmigen Altarverzierung aus den prähistorischen Tempeln von Tarxien

3

Geschichte der Maltesischen Inseln im Überblick

Im Zentrum des Mittelmeers, dort wo es sich zwischen dem afrikanischen und dem europäischen Kontinent verengt, liegt strategisch günstig eine Gruppe von Inseln. Unter Wasser treffen hier die Festlandssockel aufeinander, was die Erdbebenanfälligkeit dieses Gebiets erklärt. Die maltesische Inselgruppe mit einer Oberfläche von circa 320 Quadratkilometern liegt etwa 90 Kilometer südlich von Sizilien und etwa 350 Kilometer vor der libyschen Küste.

Diese Inselgruppe besteht aus Malta und Gozo, den beiden bewohnten Hauptinseln, sowie der zwischen diesen gelegenen Insel Comino, wo gerade eine Familie wohnt, und einigen anderen kleinen Inselchen an der Küste, die manchmal nur Felsen sind. Die Inseln haben ein typisch mediterranes Gepräge und verfügen über wenig natürliche Ressourcen, mit Ausnahme der Sonne und der felsigen Buchten, die schon immer Seefahrer anlockten. Malta verfügt jedoch über tiefe, gut geschützte Naturhäfen. Sie vor allem machten die Insel attraktiv und deshalb vor allem trachteten die verschiedenen Mächte im Mittelmeerraum immer danach, diese Inselgruppe zu beherrschen, sei es aus Handels- oder Machtinteressen.

Die Inseln bestehen aus Sedimentgestein. Es entstand vor rund 30 Millionen Jahren, als die großen Flüsse Europas sich in das Becken ergossen, das wir heute das Mittelmeer nennen, und dabei alle möglichen Arten von Sedimenten im Meer ablagerten. Da das Sedimentgestein sich vor allem in flachen Meeresgewässern bildete, sind die Inseln maritimen Ursprungs. Der höchste Punkt in Malta ist 253 Meter hoch, in Gozo etwa 200 Meter.

Man kann die verschiedenen geologischen Formationen an einer Reihe von Stellen gut sehen. Am besten eignen sich dafür die hohen Kliffe beider Inseln, wo die fünf Hauptschichten deutlich zu unterscheiden sind. Es handelt sich dabei um Unteren Korallenkalkstein, Globigerina Kalkstein, Lehm, Grünsand und ganz oben um Oberen Korallenkalkstein. Globigerina Kalkstein bildet die Hauptquelle für den Baustein, der seit Menschengedenken auf den Inseln verwendet wird. Der härtere Korallenkalkstein wird ebenfalls für bestimmte Bauzwecke verwendet. Die Lehmschicht war immer wichtig, besonders für die Landwirtschaft. Sie ist der Grund dafür, dass Gozo grüner als Malta ist, denn die Erdschichten dort sind lehmhaltiger als in Malta. Baustein wird mindestens seit klassischen Zeiten gebrochen. Bestimmte Steinbrüche bei

GOZO

COMINO

MALTA

FILFLA

Għar il-Kbir konnten als römischen Ursprungs ausgemacht werden. Manche andere Steinbrüche zeigen, dass sie zum Errichten großer Bauwerke in der Nähe dienten. Die Steinbrüche von heute sind meistens viel tiefer, weil moderne Maschinen eingesetzt werden. Im Kalksteinmuseum Limestone Heritage kann man einen authentischen Steinbruch erleben und mehr über die Geschichte der Steingewinnung in Malta erfahren. Nach einem Besuch des Naturgeschichtlichen Nationalmuseums in Mdina und des Naturwissenschaftlichen Museums in der Zitadelle von Gozo kann man die verschiedenen natürlichen Merkmale der Inseln viel besser verstehen.

Über die frühesten Spuren des Menschen auf den Inseln wird noch gestritten. Nach neusten Theorien geht man davon aus, dass die Inseln, die man manchmal mit bloßem Auge von Sizilien aus erkennen kann, von Sammler- und Jägergruppen aus Sizilien angelaufen wurden. Vor circa 7 000 Jahren waren die Inseln wohl zum ersten Mal besiedelt, als die ersten Menschen sich in offenen Dörfern wie Skorba (bei Mġarr) und in natürlichen Höhlen wie Għar Dalam (bei Birżebbuġia) niederließen. Diese Menschen lebten als Bauern und scheinen schon recht gut organisiert gewesen zu sein. Sie führten gezähmte Tiere, Ackerbau und sogar die Töpferei ein. Ihre Keramik verweist auf eine Herkunft aus Südost-Sizilien, denn sie war im Stentinello-Stil gestaltet. Von dieser Zeit an kamen immer wieder neue Siedler, vor allem aus Sizilien. Diese Kontakte führten zu neuen Gemeinschaften, neuen Keramikformen und gelegentlich auch zur Einfuhr von Obsidian und Feuerstein.

Vom prähistorischen Malta gibt es zwar viele materielle Überbleibsel, doch gibt es nicht vieles, was auf diese frühen Siedlungen zurückgeht. Man hat nachgewiesen, dass einige Höhlen von diesen frühen Siedlern bewohnt waren, doch hat sich nichts Spektakuläres finden lassen. In Skorba entdeckte man Reste von Hütten, die bezeugen, dass diese ersten Siedler etwas von der Schlammziegel-Technik verstanden. Um 3500 v. Chr. begannen die Malteser Bauwerke zu errichten, die als Vorläufer der berühmten oberirdischen Tempel gelten.

Die Ursprünge dieser Tempel sind noch immer umstritten. Die Gelehrten verfolgen zwei Theorien: Sie könnten aus den in den Felsen gehauenen Gräbern hervorgegangen sein, die älter zu sein scheinen als die jetzigen Tempel, oder aber aus den frühen ovalen Hütten, die man in Skorba errichtete. Die frühen Tempel waren klein und aus kleinen Steinen gebaut, doch gab es bereits das Konzept, mehr als einen Raum zu haben. Sie scheinen nach einem Kleeblatt-Grundriss gebaut worden zu sein, der für praktisch alle künftigen Tempel auf den Inseln verbindlich bleiben sollte. Der Hauptunterschied bestand darin, dass es mehr als nur drei Apsen gab, die Steine größer wurden und das Ganze noch viel größer. Die Fassaden waren architektonisch strukturiert,

Għar Dalam Höhle, Birżebbuġa

Xemxija Grab

2 Apsis
Kordin III

Skorba Hütte

6 Apsis
Tarxien Central

3 Apsis Ta' Ħaġrat

5 Apsis
Ġgantija Süd

4 Apsis Mnajdra Mitte

Vermutliche Entwicklung der prähistorischen Tempel Maltas

UNESCO Weltkulturerbe Mnajdra

Das Allerheiligste im Hal Saflieni Hypogäum

was darauf hinweist, dass sie sorgfältig geplant wurden. Die Innenausstattung wurde komplexer, was in den verschiedenen verzierten Steinen, Altären und Bildhauerarbeiten zum Ausdruck kommt.

Die unterirdischen Strukturen wurden aber offenbar nicht ganz aufgegeben. Man hat nicht sehr viele Gräber gefunden, doch deuten die großen Komplexe des Hypogäums und des Xagħra Steinkreises darauf hin, dass es große Nekropolen für Gemeinden gab. Der unlängst wieder entdeckte und ausgegrabene Xagħra Steinkreis bot den Archäologen viel neues Material und die dort entdeckten Gegenstände werden noch analysiert und ausgewertet. Da dieser Komplex aus bröckligem Gestein gehauen wurde, ist er nicht so gut erhalten wie das viel berühmtere Hypogäum. Um 2500 v. Chr. ging es mit der Tempelkultur zu Ende. Es kam eine neue Kultur und mit ihr andere Gewohnheiten. Die Einäscherung wurde eingeführt, und die offenbar noch stehenden Tempel wurden nicht mehr alle benutzt. Man verbindet mit dieser Kultur kleinere archäologische Überreste, nämlich Dolmen, Menhire und die rätselhaften Karrenspuren. Typisch für diese Menschen ist die Anlage ihrer Siedlungen auf abgeflachten Hügeln, die zum natürlichen Schutz von Kliffen umgeben waren. An manchen Stellen wurden auch Mauern auf

der Seite errichtet, von der ein Angriff zu erwarten war. Sie sind das erste Beispiel auf den Inseln von Befestigungswällen zum Schutz der Bewohner. Das beste Beispiel für diese frühen Befestigungen kann man in Borġ in-Nadur bei Birżebbuġia sehen, ganz in der Nähe von Għar Dalam.

Die Phönizier machten die Inseln im Mittelmeer bekannt. Diese Händler des Altertums kamen nach Malta, um seine ausgezeichneten Häfen zu benutzen. Sie müssen für die erforderliche Infrastruktur gesorgt haben, um ihren Aufenthalt angenehmer zu gestalten, und trieben Handel mit der einheimischen Bevölkerung. Vermutlich verkauften sie mehr als sie einkauften; auf dieser frühen Stufe lief wohl alles über Tauschhandel ab. Später wurden Münzen und die Schrift eingeführt; durch letztere wurde Malta historisch bekannt. Die Phönizier scheinen sich vor allem in den Hafengebieten angesiedelt zu haben, und vermutlich benutzten sie ein bereits bestehendes großes Dorf, das ziemlich im Zentrum Maltas lag. In Gozo könnte es ein ähnliches zentral gelegenes Dorf gegeben haben. Man glaubt in diesen Siedlungen die Vorläufer des heutigen Mdina and Victoria in Malta bzw. in Gozo sehen zu können.

Auf die Phönizier folgten die Karthager, die offenbar keine großen Veränderungen in der maltesischen Gesellschaft

Bronzezeitliche Anlage Borġ in-Nadur mit zyklopischen Befestigungen

bewirkten. Offenbar ging alles wie gewohnt weiter, nur begannen sich jetzt nordafrikanische Einflüsse stärker bemerkbar zu machen, was sich in den erhalten gebliebenen Bauwerken und in der ausgegrabenen Keramik niederschlug. [*Rechts: Kleines punisches Goldamulett aus Għar il-Klieb, Rabat. Links: Im 17. Jahrhundert entdeckter Marmor-Cippus*] Die Römer griffen die Inseln zwar während des ersten punischen Krieges an, doch besetzten sie diese erst während des zweiten punischen Krieges auf Dauer. Das geschah im Jahre 218 v. Chr. und sollte die lange Zeit der römischen Besatzung einläuten, die bis 400 nachn. Chr. dauerte. Danach könnten verschiedene Völker die Inseln erobert haben, die in das römische Reich eingedrungen waren. Um das Jahr 535 gerieten sie schließlich in die byzantinische Einflusssphäre.

Es gibt nicht viele Überreste aus jener Zeit. Das meiste, was wir wissen, stammt aus Felsengräbern und von ein paar Bauwerken. Die Felsengräber sind recht zahlreich und ihre Anwesenheit deutet gewöhnlich auf eine menschliche Siedlung hin. Die hohe Konzentration von Gräbern um Mdina und Rabat in Malta herum sowie in Victoria auf Gozo gibt uns eine Vorstellung von der Größe dieser Stadtzentren. Damals mussten Beisetzungen außerhalb der Stadtmauern erfolgen, was ihre Konzentration unmittelbar vor den Stadtmauern erklärt. Auf dem Land wurden noch viele weitere Gräber entdeckt, und wenngleich sie nicht so zahlreich sind wie die an den Stadträndern zeigen sie uns doch, dass das Land dicht besiedelt war.

Die in einigen der Gräber gefundenen Gegenstände sind recht

Punische Töpfe aus Gräbern in Mdina und Rabat

interessant. Leider wurden viele Gräber schon im Altertum geplündert, so dass sie uns nur noch als Hinweis auf die Besiedlung der Inseln dienen können. Sonst tragen sie nicht viel bei zu unserem Verständnis dieser Epoche. Was man fand waren Keramik, Münzen und Schmuck. Die gefundene Keramik umfasst auch importierte Stücke, was deutlich macht, dass der Kontakt mit der Außenwelt nicht abriss. Es gab auch lokale Nachbildungen fremder Formen. Die Münzen und andere damit verbundene Materialien helfen bei der Datierung der Gräber. Im Kathedralmuseum in Mdina gibt es eine gute numismatische Sammlung; andere solche Sammlungen sind der Öffentlichkeit nicht so leicht zugänglich. Im Archäologischen Museum in der Zitadelle in Gozo gibt es ein paar Beispiele von lokalen Münzen, die das Maß an Unabhängigkeit verdeutlichen, welche eine Gemeinde in Gozo genoss.

Die Menschen haben immer gern Schmuck hergestellt und besessen. Die prähistorischen Völker benutzten einfach Mu-

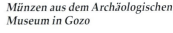
Münzen aus dem Archäologischen Museum in Gozo

scheln und in Knochen geritzte Bilder, die Phönizier jedoch gingen einen Schritt weiter. Sie führten Glas ein, das neben Gold und Silber eines der Materialien zur Schmuckherstellung wurde. Es gibt Schmuckstücke wie z.B. mit kleinen Figuren verzierte Halsketten, goldene Ohrringe, Armbänder und Ringe. [*Keramikkugeln aus punischen Gräbern*] Manche der vergrabenen Gegenstände waren importiert und mit ihren Besitzern beigesetzt worden.

Der Schiffbruch des hl. Apostels Paulus war das wichtigste Ereignis in Malta zur Römerzeit. Dadurch ging der Name Maltas auch in die Bibel ein, wo man die ganze Geschichte vom Schiffbruch in der Apostelgeschichte nachlesen kann. Die Ankunft von Paulus wird im Stil der damaligen Zeit geschildert. Im Lauf der Jahrhunderte haben die Malteser eine Reihe von Geschichten, Traditionen und folkloristischen Elementen geschaffen, die zum Selbstverständnis der Malteser mit beigetragen haben. Nach der Tradition markiert dieses Ereignis die Einführung des Christentums in Malta und die Malteser haben ihren christlichen Glauben seither nie aufgegeben [*Rechts: Statue des hl. Paulus von Melchiore Cafà in Valletta*]. Mit dem hl. Paulus sind eine Reihe von Ortschaften verbunden. Manche ergeben einen Sinn, weil man dort römische Überreste entdeckt hat; andere sind reine Legenden.

Dieser spezifische nationale und religiöse Wesenszug der Malteser ist in den verschiedenen historischen Epochen wie in ihrem Alltagsleben zu erkennen. Man braucht sich nur die vielen Kirchen anzuschauen, die dem hl. Paulus gewidmet sind, die große Zahl von Andachtsnischen, die zum Straßenbild gehören, sowie die vielen künstlerischen Darstellungen, die erhalten geblieben sind.

Die physischen Überreste dieser Epoche sind äußerst interessant. Die Gräber haben wir bereits erwähnt; im späten dritten Jahrhundert nach Chr. begann man aber auch große Komplexe anzulegen, die wir heute 'Katakomben' nennen. Diese wurden von den verschiedenen religiösen Gemeinschaften in Malta benutzt, und einige davon kann man noch besuchen. Besonders lohnend

Frühchristliche Öllampen

für Besucher sind die St. Paulus und St. Agatha Katakomben. Zur letzteren gehört auch ein angeschlossenes Museum.

Neben den Gräberanlagen gibt es nur wenige Bauwerke aus dieser Epoche. Die Domus Romana mit ihren verschiedenen Fundstücken und Mosaikfußböden ist die bedeutendste römische Anlage. Im Archäologischen Museum in der Zitadelle in Gozo gibt es ebenfalls eine kleine Sammlung. Andere Stätten kann man gewöhnlich nach Terminvereinbarung über das Hauptbüro von Heritage Malta besuchen. Dazu gehört auch San

Pawl Milqgħi, das nach der Tradition ebenfalls mit dem Schiffbruch des hl. Paulus verbunden ist.

Die Zeit des Mittelalters ist reich an Traditionen, Legenden und volkstümlichen Überlieferungen, aber es gibt nur wenig Konkretes. Die Byzantiner benutzten die Inseln offenbar nur sporadisch und womöglich als politisches Gefängnis. Der Aufstieg der Araber an die Macht und der langsame Niedergang von Byzanz machten das neunte Jahrhundert zu einer schwierigen Zeit. Die Araber eroberten eine Stadt nach der anderen in Nordafrika. Die Einführung einer neuen Religion, die Respekt gegenüber den 'Leuten des Buchs' forderte, bedeutete, dass die eroberten Völker keinen großen Widerstand leisteten, womöglich auch als Reaktion auf die Herrschaft der Byzantiner.

Die Araber schenkten den maltesischen Inseln zuerst keine besondere Beachtung. Das viel größere und reichere Sizilien war wichtiger als die kleinen Inseln davor. Es gab vielleicht gelegentliche Angriffe auf Malta, aber

Arabische Keramik aus dem Archäologischen Museum in Gozo

es war nichts geplant, bis 870 eine arabische Streitmacht Malta von Sizilien aus eroberte. Genaues weiß man nicht. Es heißt, dass die Inseln 870 von den Arabern besetzt wurden und dass sie ein byzantinisches Entsatzheer zurückschlugen. Andere sagen, dass die Araber zuerst zurückgeschlagen wurden, aber ein Jahr später Malta endgültig eroberten. Die gleiche Ungewissheit herrscht über das, was danach geschah. Blieben die Araber in Malta oder verließen die Menschen die Insel? Einige Forscher glauben, dass die Inseln bis auf ein paar Familien, die überlebten, unbewohnt blieben und erst um die Mitte des elften Jahrhunderts wieder besiedelt wurden. Andere Historiker glauben, dass die Inseln weiter bewohnt blieben, aber mit einer reduzierten Bevölkerung.

Als 1091 der Normanne Graf Roger aus Sizilien kam, um die Inseln zu erobern, nachdem er bereits den größten Teil des arabischen Siziliens besetzt hatte, fielen die Inseln sehr schnell in seine Hand. Er gestattete den Arabern zu bleiben, solange sie seine Oberhoheit anerkannten, und nahm die Christen mit, die in ihre Heimat zurückkehren wollten. 1127 musste sein Sohn, König Roger II., [*Links: in einem Mosaik aus Sizilien*] Malta zurück erobern, da die Araber sich zu einem Problem entwickelt

Fortsetzung Seite 12

*Oben: Ausgrabungen in Tas-Silġ,
Marsaxlokk. Hier fanden Archäologen
Gegenstände aus vorgeschichtlicher
bis in die normannische Zeit.*

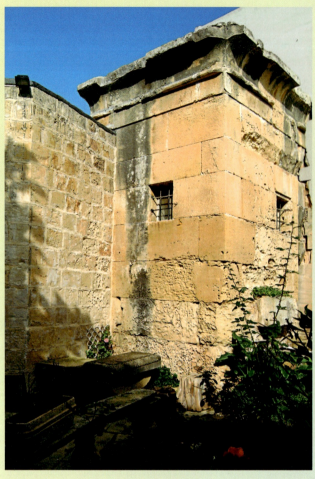

*Rechts: Überreste eines punischen
Bauwerks in Żurrieq. Typisch für die
Zeit sind das Gesims im ägyptischen Stil
und die perfekt passenden Steinblöcke.*

*Links: Eines der
vielen Gräber aus
der Nekropole Għajn
Klieb, Rabat.*

Rechts:
Baldachingräber
in den St. Paulus
Katakomben, Rabat.

Unten: *Römische*
Badanlage , Mġarr.

Unten rechts:
Fußbodenmosaik
in der Säulenhalle
der Domus
Romana, Rabat.

Fortsetzung von Seite 9

hatten. Dieses Ereignis markiert die endgültige Rechristianisierung der Inseln sowie engere Kontakte zu Sizilien und darüber hinaus mit Europa.

Die Grabsteine aus dem zwölften Jahrhundert *[unten ein Beispiel]* von dem moslemischen Friedhof, der auf den Ruinen der Domus Romana errichtet wurde, haben uns geholfen, die Gesellschaftsstruktur der damaligen Zeit besser zu verstehen. Anderes Material ist jedoch sehr spärlich. An der Ausgrabungsstätte von Tas-Silġ gibt es noch Spuren eines normannischen Bauwerks, das vielleicht als Kirche diente. Auch ein mittelalterlicher Rundturm im Fort St. Angelo könnte aus dieser Zeit datieren, doch gibt es Urkunden, welche die Tradition belegen, dass diese Festung zuerst von den Arabern errichtet wurde.

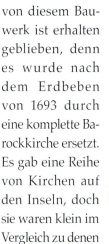

Jedenfalls kam es in dieser Zeit zu engen Beziehungen zwischen Malta und Sizilien. Ereignisse in Sizilien wirkten sich auch in Malta aus. Wenn in Sizilien die Herrscher wechselten, galt das auch für Malta. Was immer dort eingeführt wurde, wurde schließlich auch in Malta übernommen. Sizilien und Malta wechselten von den Normannen zu den Hohenstaufen, zum Haus Anjou und schließlich zu den Aragonesen, die 1282 *[Oben: Wappenschilder Siziliens und Aragons aus den Katakomben Abbatija tad-Dejr, jetzt im Museum der Schönen Künste, Valletta]* die Regierung übernahmen. Man glaubt sogar, dass die Sizilianische Vesper, der berühmte Aufstand der Sizilianer, in Malta geplant wurde. Das führte zu einer verstärkten spanischen Präsenz in Malta und engeren Handelsbeziehungen mit diesem Land. Familien aus Aragon und Katalonien kamen nach Malta und ließen sich hier nieder; heute gehören diese Familien zum Adel der Inseln. In Mdina, der damals einzigen befestigten Stadt Maltas, wurde eine Art von Selbstverwaltung eingerichtet, die als *universitas* bekannt ist. Diese mittelalterliche Institution regelte die Dinge des täglichen Lebens und handelte im Einvernehmen mit dem Wunsch des Monarchen. Zu ihren Aufgaben gehörte die Organisation täglicher Küstenwachen durch Männer im Alter zwischen 16 und 65 Jahren. Sie musste dafür sorgen, dass die Befestigungen der Stadt instand gehalten wurden. Dazu trieb sie extern oder lokal erhobene Steuern ein und verwaltete sie. Sie hatte dafür zu sorgen, dass es genug Lebensmittel in Malta gab und musste die Korrespondenz mit Sizilien und sogar mit dem König aufrecht erhalten, wo auch immer der Hof sich gerade befand.

Die Kirche war eine andere wichtige Institution im Mittelalter. Sie verwaltete zusammen mit der *universitas* die Inseln, und die beiden Institutionen teilten sich bestimmte Ausgaben. Die Hauptkirche war die romanische Kathedrale in Mdina mit einem einzigen Glockenturm, wie er typisch ist für mittelalterliche Kirchen. Nur sehr wenig von diesem Bauwerk ist erhalten geblieben, denn es wurde nach dem Erdbeben von 1693 durch eine komplette Barockkirche ersetzt. Es gab eine Reihe von Kirchen auf den Inseln, doch sie waren klein im Vergleich zu denen von heute. Die beiden anderen wichtigen Kirchen standen in Gozo im Bereich von Rabat und in Birgu. Letztere, die dem hl. Laurentius geweiht war, lag nahe der mittelalterlichen Festung, die als *castrum maris* bekannt war. Sie wurde von Seeleuten und von den Gouverneuren und Beamten in dem Schloss benutzt. Für die Landbevölkerung wurde eine Reihe anderer Kirchen errichtet. Wegen des Wiederaufbauprogramms in Malta seit dem siebzehnten Jahrhundert sind nur sehr wenige mittelalterliche Kirchen erhalten geblieben. Eines der besten Beispiele ist St. Katharina von Alexandrien in Żejtun. *[unten]*

Unten: Modellentwurf der alten Kathedrale von Mdina

Wenn man durch die engen, verwinkelten Straßen von Mdina spaziert, fühlt man sich in mittelalterliche Zeiten zurück versetzt. Steht man vor den Palästen, liest die Namen dieser Straßen und bewundert die Bauwerke, so spürt man etwas vom Adel dieser Stadt. Auch in den alten Dörfern kann man noch weitgehend intakte Dorfkerne finden. Die kleinen Kirchen, die Häuser sowie die Struktur und der Gesamteindruck dieser Dörfer sind typisch mittelalterlich. Ein paar Bauwerke aus späterer Zeit sind dazu gekommen, aber man kann noch immer den alten Geist in diesen Dörfern spüren.

Die Landschaft ist im Grunde immer noch so, wie sie im fünfzehnten Jahrhundert war. Die kleinen Felder, die durch die typischen Bruchsteinmauern von einander getrennt sind, die terrassenförmige Anlage und die kleinen Bauernhäuser mit ihren interessanten baulichen Merkmalen haben sich nicht sehr verändert. Manche Felder scheinen brach zu liegen, doch der Schein trügt. Auf anderen findet man die typische mediterrane steinerne Hütte. Die maltesische Variante ist als *girna* bekannt. Auf dem Land kann man eine Vielfalt solcher Häuschen unterschiedlicher Größe sehen.

Einige Ereignisse der mittelalterlichen Zeit haben den Charakter und die Traditionen des Landes nachhaltig geprägt. Zu Anfang des fünfzehnten Jahrhunderts, als die Inseln noch immer an Lehnsherren vergeben wurden, rebellierten die Malteser gegen einen dieser ausländischen Adligen. Die Erhebung war erfolgreich. Zwar mussten sie das Geld zurückzahlen, das der Feudalherr dem aragonesischen König geliehen hatte, doch erhielten sie dafür die königliche Zusicherung, dass die Inseln nie mehr als Lehen vergeben werden würden. Ein paar Jahre später wurde Mdina von einer Truppe von Piraten belagert. Alle erkannten, wie schwierig es war, auf einer so unfruchtbaren Insel zu überleben, was die niedrige Bevölkerungszahl erklärt.

All das sollte sich im sechzehnten Jahrhundert ändern. Nach der Vereinigung der verschiedenen spanischen Königreiche wurde Malta Teil eines weltweiten Imperiums. Schon 1523 hatte man Karl V. *[unten links]*, den König von Spanien und Kaiser des Heiligen Römischen Reiches gefragt, ob er bereit wäre, die Inseln den heimatlosen Rittern des Johanniterordens zu verkaufen. Damit begann eine Diskussion über die Inseln, die sich acht Jahre lang hinzog. Die Ritter wollten die Inseln kaufen, während Karl sie als Lehen vergeben wollte gegen die jährliche Entrichtung eines Falken. Die Ritter sollten nicht nur die Inseln kontrollieren, sondern auch die Festung Tripoli. 1530 nahmen die Ritter schließlich die Schenkung an und im Oktober landete der Großmeister, der Führer des Johanniterordens, in Malta. Damit begann die 268 Jahre dauernde Regierung dieses Militär- und Krankenpfleger-Ordens.

Der Orden bestand aus Rittern aus acht verschiedenen Regionen Europas, die jeweils eine europäische Landsmannschaft repräsentierten: Provence, Auvergne, Frankreich, Italien, Aragon, England, Deutschland und Kastilien. Jede Landsmannschaft bestimmte einen aus ihrer Reihe zum Großprior. Die Ordensbrüder wählten durch Abstimmung einen ranghohen Ritter zum Oberhaupt des Ordens. Er trug den Titel eines Großmeisters und wurde auf Lebenszeit gewählt. Der erste dieser Großmeister in Malta war der Franzose Philippe Villiers de L'Isle Adam. *[Rechts: aus der Laurentiuskirche, Birgu]* Er war in Rhodos gewählt worden und hatte die Belagerung dieser Insel miterlebt, die der Orden schließlich aufgeben musste. Er hatte auch die achtjährige Odyssee überwacht, die schließlich mit der Ankunft des Ordens auf Malta ihr Ende fand. Nach ihm regierten noch 27 weitere Großmeister den Orden in Malta. Der letzte, der einzige Deutsche unter ihnen, kapitulierte schließlich und überließ die Inseln Napoleon Bonaparte.

Der Orden fand etwa 15 000 Inselbewohner vor, die an ein ärmliches Leben und ständige Bedrohung durch Piratenüberfälle gewöhnt waren. Das sollte sich nun dramatisch ändern. Als der Orden Malta wieder verließ, war die Bevölkerung auf 100 000 gewachsen, wobei man bedenken muss, dass es inzwischen Belagerungen, Pestepidemien und Seeschlachten mit vielen Toten gegeben hatte. Die Sicherheit, welche der Orden bot, das effiziente Krankenhaussystem, das er einführte und die vielen neuen Arbeitsplätze bescherten Malta ein Goldenes Zeitalter.

Fortsetzung Seite 18

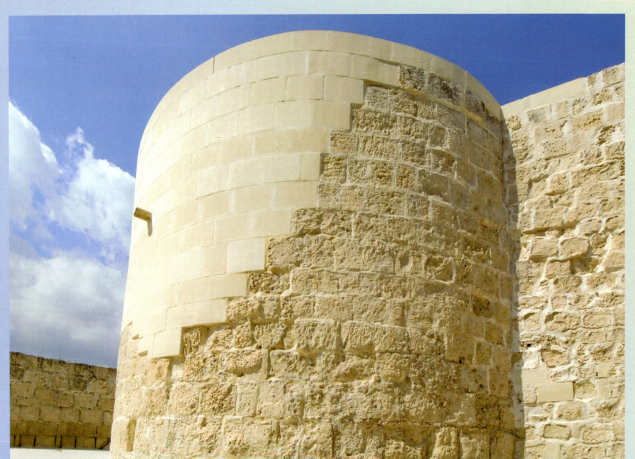

Links: Fort St. Angelo, Vittoriosa. Im 13. Jahrhundert ist hier zum ersten Mal eine Burg dokumentiert. Der runde Turm stammt wohl aus mittelalterlicher Zeit

Rechts: Sikyfa in der Zitadelle, Gozo, eines der bedeutendsten Denkmäler aus spätmittelalterlicher Zeit

Rechts außen: Arabischer Marmorgrabstein mit kufischer Schrift, angeblich in Gozo entdeckt

Ħal Millieri Kirche, Żurrieq: eine der wenigen mittelalterlichen Kirchen, die überlebt haben, mit Spuren von Fresken

Fortsetzung von Seite 13

Der Orden wollte sich nicht in der alten Hauptstadt Mdina niederlassen. Sie lag zu weit ab von den Häfen, und außerdem wollte man nicht schon gleich zu Anfang Schwierigkeiten mit dem einheimischen Adel und den Kirchenbehörden bekommen. Deshalb siedelten sich die Ritter im Hafengebiet an. Das alte Schloss am Meer *[Rechts: So sah es vor 1664 aus.]* wurde ihr neues Hauptquartier und wurde nun Fort St. Angelo genannt. Sie machten das kleine Dorf am Meer namens Birgu zu ihrer Stadt. Sie errichteten Verteidigungswälle, um im Falle einer Belagerung gerüstet zu sein. Im Schutz der Wälle des Forts und Birgus richteten sie ihren Flottenstützpunkt ein. Obwohl die Quartiere der Ritter im Jahre 1571 nach Valletta verlegt wurden, blieb die Flotte während der ganzen Zeit des Ordens in Malta in Birgu. Ein paar

Tage nach der Ankunft des Großmeisters fand eine wichtige öffentliche Zeremonie statt. Der Großmeister begab sich mit seinem Gefolge von Rittern und anderen Würdenträgern des Ordens nach Mdina, wo sie vor dem geschlossenen Stadttor vom Adel und den Kirchenvertretern begrüßt wurden. Der Großmeister gelobte, alle Rechte und Privilegien der Malteser zu achten, und dann wurde das Stadttor geöffnet und der Großmeister feierlich willkommen geheißen.

Diese Zeremonie, die zum ersten Mal stattfand, wiederholte sich dann für jeden neuen Großmeister. Er musste sich nach Mdina begeben, um die Stadt offiziell in Besitz zu nehmen, und bei dieser Gelegenheit wurden ihm die Schlüssel der Stadt übergeben *[Dieses Bild von Antoine de Favray im Großmeisterpalast, Valletta, zeigt Großmeister L'Isle Adam beim Einzug in Mdina]*. Im siebzehnten Jahrhundert verlegte ein anderer Großmeister die Inbesitznahme nach Vittoriosa, wo sie dann Teil des üblichen Zeremoniells für neu gewählte Großmeister wurde. In den letzten Jahren wurde diese Zeremonie für die alljährlichen Nachstellungen wiederbelebt, die in Mdina oder in Vittoriosa stattfinden.

1551 versuchte eine große Piratenflotte erfolglos, das Fort St. Angelo und das Hafengebiet anzugreifen. Die Angreifer zogen dann weiter nach Mdina, wo sie drei Tage lang vor den alten Befestigungen ihr Lager aufschlugen. Als sie merkten, dass sie nicht stark genug waren für eine Belagerung, weil offenbar zu viele Leute in der Stadt waren, zogen sie weiter nach Gozo. Dort fiel nach dreitägiger Belagerung die alte Zitadelle, die einzige Befestigung auf der Insel, in ihre Hände. Der Tradition nach wurde damals die gesamte Bevölkerung, etwa 3 000 Menschen, als Sklaven verschleppt und nur wenigen gelang im Dunkel der Nacht durch Abseilen von den Wällen die Flucht. Nur ganz wenige kamen jemals wieder nach Gozo zurück.

Man sah in der Belagerung einen Vorläufer für größere geplante Attacken. Die Ritter machten sich deshalb mit Eifer daran, neue Befestigungen zu bauen. Die Forts St. Elmo und St. Michael entstanden in wenigen Monaten und zu den bereits bestehenden Wällen kamen weitere Befestigungen dazu. Man schickte Spione aus, um

LA PRESA DI S. ELMO, A DI 23. GIUG. 1565

begeht, schrieben der Großmeister, der Orden, die Soldaten und die Malteser ihre Befreiung göttlicher Hilfe zu. Seither ist der Tag ein Nationalfeiertag, und zu den Ehrentiteln der Madonna wurde der Name Unsere Liebe Frau vom Sieg hinzugefügt.

Unmittelbar nach diesem langen, heißen Sommer schrieb Großmeister La Valette *[Unten: Während der Großen Belagerung, auf einer Darstellung d'Aleccios.]* an die europäischen Herrscher. Er dankte allen für ihre lobenden Worte, erinnerte sie aber auch daran, dass der Orden materielle und finanzielle Unterstützung brauchte. Die kam dann auch recht schnell. Papst Pius V. schickte sofort Hilfe, einschließlich seines eigenen Festungsbaumeisters Francesco Laparelli da Cortona, der den Auftrag erhielt, Pläne für den Bau einer neuen Stadt auf der Halbinsel zua entwerfen, welche den Großen Hafen vom Marsamxett Hafen trennt. Seine Pläne wurden schließlich angenommen, ein Name für die neue Stadt gewählt und am 28. März 1566 wurde feierlich der Grundstein zu der neuen Stadt Valletta gelegt.

den Großmeister über die Pläne des Feindes im Bild zu halten. Suleiman der Prächtige, der türkische Sultan, näherte sich 1565 bereits dem Ende seines Lebens. Ein Jahr vorher hatte man mit der Planung der Belagerung Maltas begonnen. Man wollte den Orden ein für alle Mal vernichten. Nach dem Sieg über die Ritter im Jahre 1522 hatte sich Suleiman großzügig gezeigt, aber dieses Mal würde er sie nicht ungeschoren davon kommen lassen.

Am 18. Mai 1565 meldeten die Soldaten auf Wache die Ankunft der türkischen Armada. Ein Heer von 40 000 Mann soll damals gelandet sein. In Malta gab es nur circa 8 000 Kämpfer: Ritter, Söldner und örtliche Miliz. Zum Glück herrschte in der ottomanischen Führung Uneinigkeit. Die Flotte brauchte einen sicheren Hafen, deshalb beschloss man zuerst Fort St. Elmo anzugreifen, das die Einfahrt zum Marsamxett Hafen schützte. Alle Artillerieangriffe waren darauf ausgerichtet, dieses Fort in Schutt zu legen. Aber irgendwie gelang es den Verteidigern, einen ganzen Monat auszuhalten *[Oben: Fresko von Matteo Perez d'Aleccio im Großmeisterpalast, Valletta]*, auch weil der Großmeister fast jede Nacht frische Truppen schickte, um die so wichtige Moral aufrecht zu erhalten. Als das Fort fiel, richteten die türkischen Soldaten ihre Aufmerksamkeit auf die Befestigungen auf der anderen Seite des Hafens. Den ganzen Juli und August lang hörten die Angriffe nie auf. Es wurden sowohl die einzelnen Forts angegriffen wie auch alle Befestigungen. Man kämpfte erbittert, wie es in vielen Geschichtsbüchern dargestellt wurde. Das Tagebuch eines italienischen Soldaten, der bei der Belagerung dabei war, überlebte und wurde ebenfalls bald nach den Ereignissen veröffentlicht. Das Eintreffen einer kleinen Entsatztruppe im Juli wurde als sehr gutes Zeichen dafür gedeutet, dass man die Inseln nicht ihrem Schicksal überlassen wollte. Doch die Ankunft des großen Entsatzheeres, das die Belagerung hätte sprengen können, verzögerte sich immer wieder. Es kam erst im September. Da die Belagerung am 8. September aufgehoben wurde, an dem die Kirche das Fest Mariä Geburt

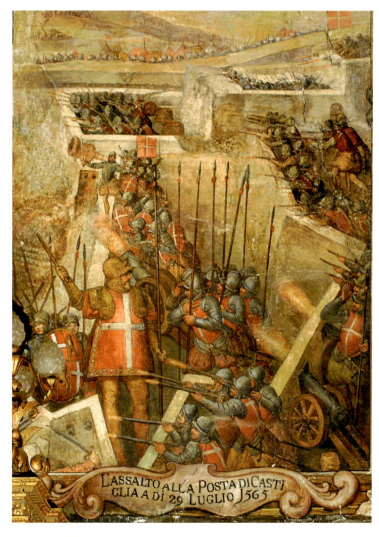

L'ASSALTO ALLA POSTA DI CASTI GLIA A DI 29 LUGLIO 1565

Valletta

Das Ordenshospital in Valletta

Marienturm auf der Insel Gozo

Die Arbeiten gingen eiligst voran. Niemand wollte eine halbfertige Festung, falls der Feind sich zur Rückkehr entschließen sollte. Zuerst wurde mit dem Bau der Wälle begonnen. Laparelli verließ Malta bald danach, und die Leitung des Projekts wurde dem maltesischen Architekten Girolamo Cassar anvertraut. Während der Bau der Befestigungen zügig weiterging, plante Cassar auch eine Reihe wichtiger Gebäude. Die offiziellen Quartiere der verschiedenen Landsmannschaften wurden von Cassar entworfen. Dann gab es auch noch die offiziellen Paläste, die der Orden für seine Verwaltung brauchte, sowie die dem hl. Johannes dem Täufer geweihte Klosterkirche. An der Einfahrt zum Großen Hafen wurde ein Krankenhaus erbaut. 1571 wurde das Hauptquartier des Ordens offiziell in die neue Stadt verlegt, auch wenn die Gebäude noch nicht fertig waren. Die Stadt nahm sehr schnell Gestalt an.

In der Begeisterung nach dem Sieg über die ottomanischen Truppen ließ der Großmeister eine Reihe von Gedenkmünzen prägen. Auf einer davon stand das Motto *Malta Renascens*, und man kann wirklich sagen, dass dieser Sieg die Wiedergeburt der Insel bedeutete. Ein Resultat dieses Sieges war, dass der Orden sich endgültig dazu entschied, in Malta zu bleiben; dieser Entschluss gab dem Orden und der Bevölkerung der Insel neues Selbstvertrauen. Jetzt wurde ernsthaft mit dem Wiederaufbau Maltas begonnen. Im sechzehnten Jahrhundert kam es zu einem beachtlichen demographischen Zuwachs, vor allem in der neuen Stadt. Doch selbst die Dörfer blühten auf, und das bedeutete, dass auch das offene Land besser geschützt werden musste.

Anfang des siebzehnten Jahrhunderts wurde mit dem Bau von Wachtürmen an strategischen Stellen entlang der Küste begonnen. Sie vermittelten ein Gefühl der Sicherheit und man glaubte nun, dass man hier leben konnte. Der Orden baute die Befestigungsanlagen während seiner Zeit in Malta ständig weiter aus. Die besten ausländischen Festungsbaumeister, die nach Malta gebracht wurden, rieten zu den neusten Errungenschaften. Im siebzehnten Jahrhundert waren es vor allem italienische Architekten, während im achtzehnten Jahrhundert besonders französische Festungsbaumeister den Ton angaben. Die gewaltigen Verteidigungsanlagen, die errichtet wurden, brachten den Inseln einen unvergleichlichen Reichtum.

Wenn man die Bastionen von Valletta entlang geht, bekommt man eine gute Vorstellung von der Größe der Verteidigungsanlagen, die im sechzehnten Jahrhundert in Valletta entstanden und in späteren Jahren noch erweitert wurden. Die schieren Wälle und Bastionen und die Vorwerke sind augenfällige Beispiele. Für die Städte gab es eine bestimmte Art von Verteidigungsmauern, während die Militäranlagen an den Küsten anderen Kriterien folgten. An manchen Stellen wurde ein richtiges Fort gebaut, an anderen nur kleine Türme, die als Wachtposten dienten. Dann gab es verschiedene Arten von Befestigungen wie Batterien, Redouten und Schanzen. Da die von den Festungsbaumeistern gewählten Standorte strategisch günstig waren, wurden sie später auch von den Briten benutzt, als diese die Insel übernahmen.

Auch dies ist ein weiterer Pluspunkt für Besucher Maltas. Nirgendwo sonst kann man so viele verschiedene Festungsanlagen an einer Stelle sehen, von denen die meisten wegen der geringen Größe der Insel leicht zu besuchen sind.

Die Ritter errichteten eine unglaubliche Vielfalt von Gebäuden. Sie begannen mit den einfachen Bauwerken, die typisch sind für das sechzehnte Jahrhundert, als strenge Formen vorherrschten, während sich die Insel von dem Trauma der Großen Belagerung erholte. Man baute im Stil der Spätrenaissance und des Manierismus, in dem sich der direkte Einfluss des Trends der Gegenreformation zu einer nüchternen und einfachen Bauweise niederschlug. Im siebzehnten Jahrhundert wurde er vom Barock abgelöst. Er wurde den Rittern zuerst durch den großen Künstler Caravaggio nähergebracht. Ein paar Jahre später führte Francesco Buonamici, ein Architekt aus Lucca, den Barock in der Architektur ein. Dann gab es kein Halten mehr. Die Ritter bauten alle ihre Hauptbauwerke und Kirchen um. Diese Darstellung von Macht und Größe wurde auch von den Maltesern übernommen, die begannen, auch ihre kleinen Dorfkirchen im Barockstil umzubauen. Sie wurden bald zu ständig beschäftigten Werkstätten für Bildhauerei, Malerei und andere Innenausstattung.

Auberge de Castille

Die barocken Schätze Maltas sind zu zahlreich, dass man sie in wenigen Zeilen aufführen könnte. Die Kirchen von Valletta bilden ein Kunsterlebnis für sich. Aber das barocke Lebensgefühl verbreitete sich über die Stadt hinaus und wurde Teil der maltesischen Kultur. Die größeren Pfarrkirchen wurden umgebaut oder durch Anbauten erweitert. Die Kunstschätze, die man in den Kirchen noch heute bewundern kann, sind ein Zeugnis dafür, was in jenen Jahren geschah. Man könnte zum Beispiel die Pfarrkirchen von Żejtun, Qormi, Vittoriosa, Cospicua, die beiden Kathedralen in Mdina und Victoria in Gozo sowie die St. Georgs Basilika in Gozo besuchen.

Die Architekten, die hier wirkten, sind ebenfalls von Interesse. Neben Francesco Laparelli, der Valletta plante, wurden viele andere eingeladen, um die Verantwortung für die Bauprojekte des Ordens zu übernehmen. Zuerst waren die leitenden Architekten fast immer Ausländer, erst Italiener und dann Franzosen. Im achtzehnten Jahrhundert wurden mehr einheimische Architekten mit der Leitung der Projekte betraut. Es entstanden auch viele Bauwerke, die der ganzen Bevölkerung zu Gute kamen. Durch den Bau eines Aquädukts, das weitgehend der französische Großmeister Alof de Wignacourt finanzierte, wurde im frühen siebzehnten Jahrhundert die Wasserversorgung Vallettas sichergestellt. Auch Krankenhäuser wurden gebaut. Während das große Hospital in Valletta erweitert wurde, errichtete man andere kleinere Spezialkrankenhäuser in Valletta, Floriana und auf der Manoel Insel. Das letztere war ein Quarantänekrankenhaus, das noch bis in die sechziger Jahre des letzten Jahrhunderts benutzt wurde.

St. Johannes Konkathedrale

Natürlich gab es auch schwierige Zeiten. Da waren die Invasion von 1551 und die Große Belagerung von 1565. Ende des sechzehnten Jahrhunderts kostete eine Pestepidemie 3 000 Menschen das Leben.

Fortsetzung Seite 24

Palazzo Spinola, St. Julians

Links: Fassade der St. Johannes Konkathedrale, einem Werk von Gerolamo Cassar aus dem 16. Jahrhundert

Rechts Fassade der Kathedrale von Mdina, einem Werk von Lorenzo Gafà aus dem 17. Jahrhundert

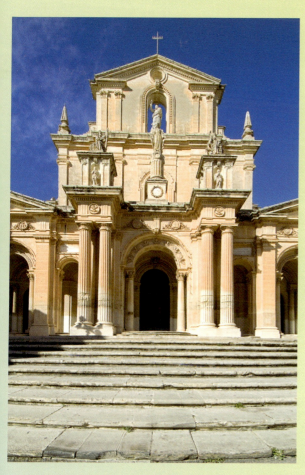

*Links: Die im 19.
Jahrhundert angebaute
Fassade der St. Nikolaus
Pfarrkirche von Siġġiewi*

*Oben: Speisesaal des Verdala Palastes
mit Fresken von Filippo Paladini*

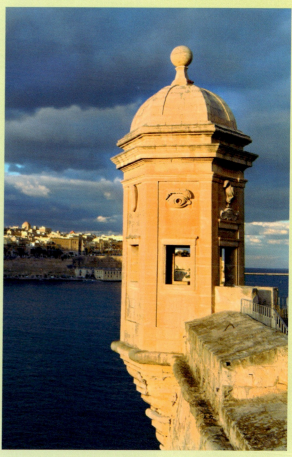

*Rechts: Die gardjola, ein
Wachturm am Rand der
Bastionen von Senglea, von
wo man einen schönen Blick
auf den Großen Hafen hat.*

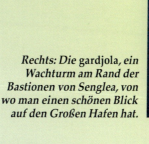

Fortsetzung von Seite 21

1614 kam es zu einem letzten Piratenüberfall, den die Verteidiger jedoch erfolgreich zurückschlugen. 1675 raffte eine weitere Pestepidemie von einer Gesamtbevölkerung von knapp 60 000 über 11 000 Menschen dahin. 1693 zerstörte ein Erdbeben den Südosten Siziliens und erschütterte auch die maltesischen Inseln. Es waren zwar keine Menschen zu beklagen, doch der materielle Schaden war gewaltig. Das führte zu einem neuen Bauboom, der viele Jahre anhalten sollte.

Im achtzehnten veränderte sich die internationale Lage drastisch. Im Gefolge der Französischen Revolution verlor der Orden sehr viel von seiner Unabhängigkeit, weil immer mehr seiner Besitzungen beschlagnahmt wurden. Die europäischen Ländereien des Ordens hatten die Finanzierung des Aufenthalts und der Bauaktivitäten in Malta gesichert. Als die Einkünfte zu schrumpfen begannen und immer mehr ältere Ritter sich nach Malta absetzten, wurde die finanzielle Situation zunehmend kritischer. Aber gegen Ende des Jahrhunderts sollte der Orden in eine noch viel schwierigere Lage geraten.

Napoleon Bonaparte *[über: Ankunft Napoleons in Malta]* wollte Malta unter seiner Kontrolle haben, um es als wichtigen Stützpunkt zwischen Frankreich und dem Mittleren Osten zu benutzen, und er plante es während seines ägyptischen Feldzugs zu besetzen. Im Juni 1798 warf eine große französische Flotte vor den Inseln Anker. Die Franzosen ersuchten um Genehmigung zum Einlaufen in die Häfen, um ihre Schiffe mit Wasser und Proviant zu versehen. Der Orden berief sich auf internationale Gesetze und wollte nur vier Schiffen gleichzeitig Einlass in die Häfen gewähren. Das wurde als Weigerung ausgelegt und die Invasion begann. Es war eine ziemlich einseitige Angelegenheit, da eine Reihe von Rittern mit dem französischen General sympathisierte. Außerdem gab es Spione innerhalb der Mauern, und es scheint eine allgemeine Lethargie geherrscht zu haben, welche die Organisation einer koordinierten Verteidigung verhinderte. Der Orden kapitulierte nach wenigen Stunden und Napoleon zog im Triumph in Valletta ein. Die Franzosen ahnten jedoch nicht, dass ihr Aufenthalt recht kurz sein sollte. Während der sechs Tage, die Napoleon in Malta verbrachte, erließ er eine Reihe von Verordnung, die den Maltesern nicht alle behagten. Er hatte den maltesischen Anführern und der Kirche versprochen, ihre Rechte zu respektieren, doch ging er sofort daran, diese Versprechen zu brechen. Am 2. September rebellierten die Malteser. Der Aufstand begann in Rabat, und zwei Tage später war Mdina bereits unter

maltesischer Kontrolle. Dann wurden die französischen Truppen innerhalb von Valletta und den Hafenbefestigungen blockiert. Man ersuchte das Königreich Beider Sizilien um Hilfe, und britische und portugiesische Schiffe wurden zur Unterstützung geschickt. Doch sollte sich die Belagerung zwei Jahre hinziehen und beiden Seiten viel Leid bescheren, bis die Franzosen kapitulierten und die Briten Malta übernahmen.

Der Übergang von der Regierung des Ordens zur französischen und anschließend zur britischen Herrschaft war nicht leicht. Es galt die politischen Gegebenheiten zu berücksichtigen, denn es war klar, dass die verschiedenen europäischen Mächte sich der strategischen Bedeutung der Inseln bewusst waren. Im Vertrag von Paris wurde Malta den Briten zugesprochen, und damit begann ein weiteres Kapitel unserer Geschichte.

Es sollte uns ins zwanzigste Jahrhundert führen, und auf dem Weg dahin gab es eine Reihe Probleme wegen einer Verfassung, zwei Weltkriege, Unabhängigkeit und die Schließung der britischen Basen. Die Briten hatten die Inseln übernommen, weil diese für sie von strategischer Bedeutung waren. Der Große Hafen und die umliegenden Anlagen entsprachen ausgezeichnet den Anforderungen der britischen Flotte. Die ehemalige kleine Werft des Ordens wurde ausgebaut und neue Dockanlagen entstanden. Der Große Hafen wurde zum Heimathafen der britischen Mittelmeerflotte. In dieser Zeit wurde der Hafen umgestaltet und modernisiert. Neue Kaianlagen entstanden und die Infrastruktur wurde verbessert.

Anfang des zwanzigsten Jahrhunderts wurde der Wellenbrecher gebaut, der den Hafen noch sicherer machte bei allen Wetterlagen. Malta Drydocks *[Oben: Eröffnung des Neuen Docks auf einer Darstellung in Illustrated London News vom 8. August 1857]* wurde der größte Arbeitgeber der Insel, und das sollte auch im Verlauf des Zweiten Weltkriegs eine wichtige Rolle bei den Verteidigungsanstrengungen des British Empire spielen.

Wegen der vielen Einrichtungen, welche die Briten im Hafen und um den Hafen herum besaßen, profitierte Malta oftmals, wenn das Empire sich im Krieg befand. Im griechischen Unabhängigkeitskrieg im neunzehnten Jahrhundert benutzen die vereinigten französischen und britischen Flotten die Hafenanlagen, was viele Arbeitsplätze schuf und zum Bau eines neuen Marinekrankenhauses führen sollte. Im Krimkrieg diente Malta vielen alliierten Truppen als Durchgangslager zur Vorbereitung auf die Kämpfe im Osten. Im Ersten Weltkrieg erhielt Malta den Beinamen 'Krankenschwester des Mittelmeers' wegen der

Abfeuern des restaurierten 100 Tonnen RML Geschützes der Rinella Batterie, einer britischen Küstenbefestigung aus dem 19. Jahrhundert

Der Große Saal des Ordenshospitals, wie er im Ersten Weltkrieg wieder benutzt wurde

Flugzeuge am maltesischen Himmel im Zweiten Weltkrieg

Das Fort Manoel bei einem Fliegerangriff im Zweiten Weltkrieg

Sanitätsdienste, die es für die alliierten Truppen leistete, die nach den vielen Kämpfen im östlichen Mittelmeerraum zur Behandlung und Genesung hierher kamen. Im Zweiten Weltkrieg änderte sich jedoch alles.

Inzwischen spielten Flugzeuge eine wichtige Rolle in den Kämpfen auf den Kriegsschauplätzen. Luftangriffe waren möglich, und die Inseln wurden nicht verschont. Einen Tag nach der Kriegserklärung Italiens unter dem faschistischen Diktator Mussolini an Großbritannien und seine Alliierten wurden die Inseln aus der Luft angegriffen. So begann die zweite Große Belagerung Maltas, die von 1940 bis 1943 dauerte, als die italienische Marine schließlich in den Häfen Maltas kapitulierte. Eine Ironie des Schicksals wollte es, dass diese Kapitulation am 8. September stattfand, wie bei der Großen Belagerung von 1565. Wiederum sahen die Malteser darin Gottes helfende Hand zur rechten Zeit. Der Krieg brachte viel Leiden und Zerstörung über die ganze Insel, ganz besonders am Großen Hafen und in den umliegenden Gebieten.

Viele Leute verließen diese besonders gefährliche Gegend. Andere wiederum nutzten das, womit die Natur die Inseln ausgestattet hat, nämlich den felsigen Untergrund. Sie gruben Luftschutzstollen in den Gräben der verschiedenen Bastionen der Ritter. Sie entstanden überall auf der Insel, und einige wurden in letzter Zeit gereinigt und für Besucher geöffnet. In diesen Stollen erlebten und überlebten ganze Familien den Krieg. Die Zerstörung der Wohnhäuser führte zu einer nie vorher in Malta gesehenen Bevölkerungswanderung. Dörfer auf dem Land waren mit Flüchtlingen überfüllt, die entweder ihr Haus verloren hatten oder nicht in ständiger Lebensgefahr wohnen wollten.

Die Verteidigung der Inseln lag in den Händen der Luftwaffe, die feindliche Bomber von Malta fern hielt, der Artillerie, die ebenfalls versuchte, den Feind so weit weg wie möglich von seinen Zielen zu halten, und der Flotte, die alle Anstrengungen unternahm, Lebensmittel und Nachschub durch das gefährliche Mittelmeer zu den belagerten Inseln zu transportieren. 1942 verlieh König Georg VI. Malta und seinen Menschen das Georgskreuz als offizielle Anerkennung der Tapferkeit der Insel. Die Auszeichnung wurde auch von den späteren maltesischen Regierungen offiziell anerkannt und das Georgskreuz ist Bestandteil der Nationalflagge. 1942 durchschlug auch eine Fliegerbombe die Kuppel der Kirche von Mosta, ohne jedoch zu explodieren. Niemand von den mehr als 300 Menschen in der Kirche wurde verletzt. Man sah auch darin ein Wunder.

Obwohl man die Bedeutung Maltas anerkannte, wurde die Lage immer schwieriger. Es gab kaum noch genug zu essen, und die Streitkräfte bekamen keinen Nachschub. Treibstoff und Munition waren so knapp, dass die Munition rationiert wurde. Man sprach sogar schon von einer unmittelbar bevorstehenden Kapitulation. In London machte man Pläne, die Insel mit Lebensmitteln und

Nachschub zu versorgen, damit sie noch drei weitere Monate aushalten konnte, wenn der Geleitzug durchkommen sollte. An den Tagen vor dem 15. August, einem anderen Marienfest, schafften es einige Schiffe. Obwohl auf der Fahrt von Gibraltar nach Malta viele Schiffe versenkt worden waren, erreichten fünf schließlich ihr Ziel. Der Geleitzug, der offiziell den Namen Operation Pedestal trug, wurde bald in Santa Maria Convoy umbenannt, und die Bevölkerung Maltas glaubte wiederum, dass sie diese kleine Hilfe zum Überleben der göttlichen Vorsehung zu verdanken hatte.Für Malta bedeutete dies die Wende im Krieg. Anschließend liefen weitere Geleitzüge in den Hafen ein und brachten mehr Lebensmittel und Munition. Ein Jahr später wurde in Malta die Invasion Siziliens vorbereitet und es kam es zu einem kompletten Rollentausch, als die Inseln nunmehr als Basis für die Angriffe auf Sizilien dienten.

Die Nachwirkungen des Zweiten Weltkrieges waren für alle Seiten eine Herausforderung. Die politische Lage hatte sich drastisch verändert. Die Malteser verlangten mehr Mitspracherechte und eine viel liberalere Verfassung. Außerdem galt es, die enormen Schäden der Luftangriffe zu beseitigen und das Land wieder aufzubauen. Großbritannien plante die Zahl seiner ausländischen Stützpunkte abzubauen, was starke Auswirkungen auf die Wirtschaft der Insel haben sollte. Die verschiedenen maltesischen Regierungen begannen an der Industrialisierung der Inseln zu arbeiten und das neue Tourismusgewerbe entwickeln. Die politische Arbeit sollte dazu führen, dass Malta am 21. September 1964 seine Unabhängigkeit von Großbritannien erhielt. Die britischen Stützpunkte blieben vorerst in Malta, da der Kalte Krieg noch andauerte und die Einrichtungen für Luftwaffe, Heer und Marine auf der Insel als sehr wichtig galten. Am 13. Dezember 1974 wurde Malta zu einer Republik innerhalb des Commonwealth erklärt, so dass die Verbindung mit Großbritannien erhalten blieb. Fünf Jahre später, am 31. März 1979, wurde die britische Garnison in Malta endgültig geschlossen. Zum allerersten Mal gab es keine ausländischen Truppen mehr auf den Inseln.

Malta ist Mitglied vieler internationaler Foren, darunter der Vereinten Nationen und des Commonwealth. Im Mai 2004 wurde es Mitglied der Europäischen Union. In den letzten Jahren haben viele bedeutende Persönlichkeiten Malta besucht. 1989 waren der amerikanische Präsident George Bush und der sowjetische Staatspräsident Michail Gorbatschow hier. Bei ihren Gesprächen vereinbarten sie die Auflösung des alten politischen Systems der Nachkriegszeit, was das offizielle Ende des Kalten Krieges bedeutete. 1990 und 2001 besuchte Papst Johannes Paul II. Malta; bei seinem zweiten Besuch sprach er zwei maltesische Ordensleute und einen maltesischen Priester selig. Im November 2005 fand die alle zwei Jahre veranstaltete Commonwealth-Konferenz in Malta statt. Zu den Gästen zählten fast alle Regierungschefs der Commonwealth Länder und Königin Elisabeth II.

Ankunft von Nachschub im Großen Hafen im Zweiten Weltkrieg

Am 13. Dezember 1974 wird Malta zur Republik erklärt

Festbeleuchtung anlässlich des Beitritts Maltas in die EU 2004

Valletta und Floriana

Als die Johanniterritter 1530 in Malta ankamen, war die Halbinsel, auf der einmal Valletta und Floriana entstehen sollten, praktisch unbewohnt. Es gab eine kleine Kirche und vermutlich einen Turm an der Spitze, um die Hafeneinfahrt zu bewachen, und vielleicht ein paar Bauernhäuser. Die Ritter erkannten sofort die strategisch günstige Lage des Gebiets zum Bau einer befestigten Stadt. Dieser Gedanke beschäftigte die Großmeister, die Ritter und die Festungsbaumeister, die in den ersten dreißig Jahren des Aufenthalts des Ordens nach Malta gebracht wurden.

Als erstes begann man mit dem Bau des Forts St. Elmo. Der Piratenüberfall von 1551 zeigte den Rittern deutlich, dass sie sich in großer Gefahr befanden. Es gab keine ausreichenden Verteidigungsanlagen, und so beschlossen sie Befestigungen zu errichten, falls jener Überfall nur eine Erkundungsmission gewesen war. Ein Jahr später wurde das sternförmige Fort nach Plänen von Pietro Pardo errichtet. Es entstand in so großer Eile, dass es hieß, Angreifer würden es in wenigen Tagen einnehmen können. Daher fügten weitere Großmeister zusätzliche Wälle und Befestigungen hinzu, ohne es jedoch wirklich zu verbessern. Es fehlte nicht an Vorschlägen und sogar Plänen für den Bau einer befestigten Stadt, aber da man jederzeit mit einem Angriff rechnete und es nicht genug Geld für ein so großes Projekt gab, verzögerte es sich. Als 1565 eine große türkische Armada in Malta landete, war nur das Fort St. Elmo fertig.

Die Große Belagerung spielte sich um das Gebiet des Großen Hafens ab. Vor dem Verlust des Forts St. Elmo benutzten die Türken den Höhenrücken auf der Halbinsel, um sowohl das Fort wie die andere Seite der Hafenbefestigungen unter Beschuss zu nehmen. Das glückliche Ende der Belagerung im September des gleichen Jahres veranlasste die Ritter, von den europäischen Mächten mit Nachdruck materielle und finanzielle Hilfe zu fordern, weil sie sonst die Inseln aufgeben müssten. Und es wurde Hilfe geschickt, zu der auch Francesco Laparelli gehörte, der Festungsbaumeister des Papstes.

Laparelli began sofort, einen machbaren Plan zu entwerfen, und am 28. März 1566 wurde der Grundstein zu der neuen Stadt gelegt. Die Verteidigungswälle waren bald errichtet und die ersten Gebäude begannen sich dahinter zu erheben. Der endgültige Umzug des Hauptquartiers des Ordens von Vittoriosa nach Valletta im Jahre 1571 führte zu einer Reihe von Bauprogrammen, die zu einer Dauerveranstaltung wurden. Die ersten Gebäude wurden im Stil der damaligen Zeit errichtet, nämlich Renaissance und Manierismus. Im siebzehnten Jahrhundert wurde der Barock eingeführt, was zu mehr Gebäuden und nicht selten zum Abriss anderer führte, um sie dann in dem neuen Stil wieder aufzubauen. Eine Reihe von Architekten wurde ins Land gebracht, die diesen Trend fortsetzten, und man lud auch Maler ein, um das Innere der Kirchen und Paläste auszuschmücken.

Die Befestigungen Vallettas auf der Seite des Marsamxett Hafens

Darstellung der Befestigungsanlagen Vallettas auf einem Gemälde aus dem 18. Jahrhundert

Links: Im 17. Jahrhundert plante Pietro Paolo Floriani die Befestigungen Florianas zur Landseite hin.

In den 30er Jahren des siebzehnten Jahrhunderts, als man wieder eine Invasion befürchtete, holte der Orden den Festungsbaumeister Pietro Paolo Floriani, der den Bau weiterer Verteidigungslinien vor den Befestigungen Vallettas zur Landseite hin anregte. Obwohl mit den Arbeiten begonnen wurde, gab es Widerspruch gegen diese Anlagen und sie wurden damals nicht fertiggestellt. Der Bau dieser Anlagen, die als Floriane Wälle bekannt wurden, wurde im achtzehnten Jahrhundert vollendet. Ursprünglich sollten hinter diesen Wällen keine städtischen Bauwerke entstehen, aber langsam kam es dann doch dazu. In der ersten Hälfte des achtzehnten Jahrhunderts wurden unter Großmeister Anton Manoel de Vilhena Baugenehmigungen erteilt und es entstand der Vorort Floriana, der offiziell *Subborgo Vilhena* hieß. Die Malteser nannten ihn jedoch Floriana und bei diesem Namen ist es geblieben.

Valletta wurde die Hauptstadt der Inseln. Es entstanden Gebäude für die verschiedenen Büros, die damals erforderlich waren. Die meisten dieser Gebäude werden immer noch benutzt, manchmal sogar in der gleichen Funktion für die sie ursprünglich geplant worden waren. Auch Kirchen wurden gebaut, weil die Johanniter ein religiöser Orden waren und weil andere Orden Land zugeteilt erhielten, um ihre eigenen Klöster und Kirchen zu bauen. Obwohl es in Floriana einige interessante Häuser gibt, entstanden diese meistens erst, als es in Valletta keinen Platz mehr gab.

Der Zugang nach Valletta führt durch die Befestigungen von Floriana. Der Haupteingang war und ist noch immer Portes des Bombes, das wie ein doppelter Triumphbogen aussieht, obwohl es ursprünglich ein einfaches Tor als Eingang in die Stadt Valletta war. Die Verzierung des Mauerwerks erinnert an die barocke Mentalität der damaligen Zeit. Als im neunzehnten Jahrhundert der Verkehr stärker wurde, fügten die Briten einen weiteren Torbogen an, und die Wälle zu beiden Seiten wurden später abgerissen, um einen besseren Zugang nach Valletta zu schaffen.

Floriana hat nur wenige, aber sehr interessante Kirchen. Die Pfarrkirche ist dem hl. Publius geweiht, der traditionsgemäß als der erste Bischof Maltas gilt. Mit ihrem Festtag beginnt gewöhnlich die Zeit der sommerlichen Kirchweihfeste. Sie steht an einem der größten Plätze in Malta, der als 'die Kornspeicher' bekannt ist. Die Kornspeicher, die von den Briten nach dem Muster der von den Rittern gebauten Kornsilos errichtet wurden, dienten zur Lagerung von Getreide. Sie wurden noch bis in die jüngste Zeit benutzt. Nicht weit hinter dieser Kirche steht die der Unbefleckten Empfängnis geweihte Rundkirche aus dem siebzehnten Jahrhundert, die als Sarria Kirche bekannt ist. Ursprünglich war hier eine kleine Kirche, die ein italienischer Ritter mit dem Familiennamen Sarria erbaut hatte. Die jetzige Kirche wurde während der Pest von 1675–76 vom Orden statt einer Votivgabe errichtet. Der Entwurf stammt von Mattia Preti und die Bilder im Innern sind von diesem italienischen Künstler und seiner *bottega*. In der Nähe befinden sich auch die Büros der maltesischen Diözese, die als Curia bekannt sind. Es ist ein interessantes Gebäude aus dem achtzehnten Jahrhundert, das ursprünglich als Exerzitienhaus diente. Das Polizeipräsidium gegenüber war einmal ein im achtzehnten Jahrhundert errichtetes Altersheim.

Rechts: Portes des Bombes war ursprünglich ein einfaches Eingangstor nach Floriana. Im 19. Jahrhundert wurde ein zweiter Torbogen angefügt und in den Jahren um 1950 die Festungsmauern zu beiden Seiten abgerissen, um einen bessern Verkehrsfluss zu ermöglichen.

Eine andere Kirche mit Kloster gehört den Kapuzinern. Sie wurde auf den höchsten Befestigungen des Vororts errichtet und im Zweiten Weltkrieg zerstört, aber gleich danach wieder aufgebaut. Die Ordensbrüder haben viele der alten Gemälde sowie die äußerst interessante und einmalige Krypta erhalten, die einen Besuch wirklich lohnt.

Floriana ist auch für seine Gartenanlagen bekannt. Es gibt eine Reihe davon auf den Bastionen, die den Vorort umgeben. Man hat von dort einen schönen Blick auf die Häfen und man findet darin auch Denkmäler, die an wichtige Ereignisse oder Persönlichkeiten erinnern. Ein anderer Garten, die Mall, wurde eingerichtet, damit die Ritter dort Pall Mall spielen konnten. Auch hier kann man Denkmäler zur Erinnerung an wichtige Persönlichkeiten der jüngeren Geschichte sehen.

Betritt man Valletta durch das Hauptstadttor City Gate, so erwarten einen massive Bastionen, die den Feind abschrecken sollten. Die Wälle wurden aus dem gewachsenen Felsen ausgegraben, und der breite und tiefe Graben bildete das wichtigste Abschreckungsmittel. Die Brücke war früher viel schmaler, und der letzte Teil, der aus Holz bestand, wurde bei Sonnenuntergang hochgezogen.

Valletta wurde gitterförmig geplant, mit gerade verlaufenden Längsstraßen und rechtwinklig dazu verlaufenden Querstraßen. Die Hauptstraße führt geradeaus hinab zum Fort St. Elmo. Die drei wichtigsten Straßen sind auch die breitesten, während die anderen viel schmaler sind. Es wurden offene Plätze vorgesehen, auf denen sich Soldaten im Falle eines Angriffs versammeln konnten, sowie Plätze für Zuschauer bei Zeremonien und Festumzügen.

Der Palast des Großmeisters ist eines der Hauptgebäude Vallettas. Dies war die offizielle Residenz des Großmeisters sowie der Ort, wo die Ratssitzungen und alle anderen offiziellen Zeremonien stattfanden. Die Briten benutzten den Palast als offizielle Residenz und Büro des Gouverneurs, und heute befinden sich dort das maltesische Parlament und die Amtsräume des Präsidenten der Republik. Einige Staatsräume sind für die Öffentlichkeit geöffnet, so dass man sehen kann, wie die Ritter diese Säle ausschmückten. Es gibt interessante Fresken, auf denen die Geschichte des Ordens vor seiner Ankunft in Malta und die Hauptereignisse während der Großen Belagerung dargestellt sind. Der Gobelinsaal ist mit einer einmaligen Garnitur von Wandteppichen geschmückt. Sie wurden eigens für diesen Saal in Auftrag gegeben und waren ein Geschenk von Großmeister Perellos. Die berühmte Rüstkammer des Palastes ist in den früheren Pferdeställen untergebracht. Die Rüstkammer, in der es eine stattliche Anzahl von Rüstungen aus dem sechzehnten, siebzehnten und achtzehnten Jahrhundert zu sehen gibt, wird von Heritage Malta verwaltet.

Die Ritter waren in acht verschiedene Landsmannschaften aufgeteilt. Jede hatte ihr eigenes Quartier, das man Auberge nannte. Nur fünf von den ursprünglich acht Auberges in Valletta haben überlebt. Die eindrucksvollste ist die von Kastilien, wo sich jetzt die Amtsräume des Premierministers befinden. Sie wurde ursprünglich von Gerolamo Cassar im sechzehnten Jahrhundert entworfen, dann aber im achtzehnten Jahrhundert nach Plänen von Andrea Belli komplett umgebaut. Die Fassade ist ein barockes Prachtstück. Die

Fortsetzung Seite 38

Links: Auberge de Provence, heute das Archäologische Nationalmuseum, Valletta.

Rechts: Piazza Regina, einer der Plätze in Valletta mit ihren beliebten Cafés im Freien.

Oben: Das sternförmige Fort St. Elmo, das 1552 zum Schutz der Häfen Vallettas erbaut wurde.

Links: Fassade der Auberge de Castille, einem von Andrea Belli entworfenen Barockpalast aus dem 18. Jahrhundert.

Oben: Die 1859 gebaute Markthalle von Valletta ist eine Kombination aus maltesischem Stein und einem Gusseisenrahmen.

Rechts: Straßennischen wurden im 17. Jahrhundert eingeführt und haben sich bis heute erhalten.

33

Rechts: Der große verzierte Hauptsaal der Auberge de Provence, hier für eine moderne Ausstellung hergerichtet.

Links: Das Manoel Theater, das erste speziell gebaute Theater in Malta.

Das Deckengewölbe der St. Johannes Konkathedrale, einem von Mattia Preti ausgemalten barocken Meisterwerk.

Rechts: Der Ratssaal mit der einmaligen kompletten Garnitur von Gobelins.

Oben: Die Rüstkammer des Palasts mit Waffen und Rüstungen vom 16. bis zum 18. Jahrhundert

Links: Die Enthauptung des hl. Johannes, ein Meisterwerk Caravaggios im Oratorium der St. Johannes Konkathedrale

Unten: Bearbeitete Steinaltäre aus den prähistorischen Tempeln von Tarxien, im Archäologischen Nationalmuseum

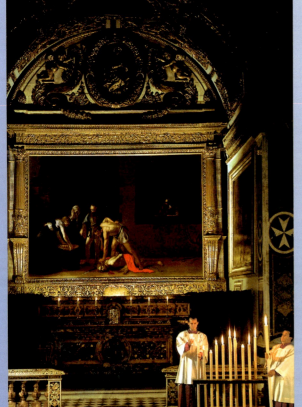

Links: Harmonisches Ensemble im Innenhof der Auberge de Castille, jetzt Amtssitz des Premierministers

Oben: Hafen von Valletta ohne die übliche Betriebsamkeit, wo Angler ihre Zeit verbringen.

Oben: Tägliches Abfeuern einer Kanone von der Salutgalerie der Upper Barrakka

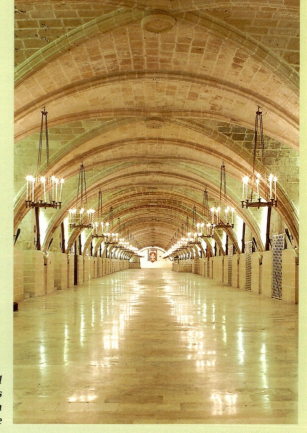

Rechts: Der untere Saal des Ordenshospitals mit eindrucksvollem Rippengewölbe

Fortsetzung von Seite 31

Freitreppe zum Haupteingang, das Hauptportal mit seinen Steinsäulen, dem reich verzierten Hauptgesims mit der von Waffentrophäen umgebenen Büste von Großmeister Pinto, die Blumenverzierungen um das zentrale Fenster sowie die Wappen des Großmeisters und seiner Landsmannschaft tragen alle bei zu dem großartigen Gesamtbild.

Ein weiteres interessantes Bauwerk ist die Auberge de Provence in Republic Street. Auch sie wurde von Cassar entworfen und im späten siebzehnten und frühen achtzehnten Jahrhundert erweitert. Im neunzehnten Jahrhundert wurde der Palast als kleine Pension benutzt und dann wurde ein privater Gesellschaftsclub darin eingerichtet. In den fünfziger Jahren des letzten Jahrhunderts wurde dort zuerst das Nationalmuseum und danach das Archäologische Nationalmuseum untergebracht. Letzteres beherbergt eine ganze Reihe wichtiger prähistorischer Fundstücke wie die Originalsteine aus den Tempeln von Tarxien, die Schlafende Dame, die Venus von Malta und viele andere einmalige Gegenstände.

Die italienischen Ritter bauten ihre Auberge in Merchants Street. Die Fassade erhielt ihr jetziges Aussehen während der Regierungszeit von Großmeister Carafa. Der Zierrahmen über dem Haupteingang ist ein barockes Kunstwerk voller Dramatik. Die englischen Ritter gelangten nie dazu, ihre eigene Auberge zu bauen, weil es bis zu der Zeit als Valletta gebaut wurde keine englischen Ritter mehr gab. Als im achtzehnten Jahrhundert die Bayern ihre eigene Auberge getrennt von der deutschen haben wollten, wurden sie mit der ruhenden englischen Landsmannschaft vereinigt. Der Palast, in dem sie wohnten - die Auberge de Bavière – steht noch heute. Die letzte überlebende Auberge ist die, welche den Rittern von Aragon, Katalonien und Navarra gehörte. Sie ist ein Schmuckstück der Architektur des sechzehnten Jahrhunderts. Sie wurde von Gerolamo Cassar erbaut und zum Glück niemals angetastet oder umgebaut wie seine anderen Auberges und gibt uns daher ein gutes Bild davon, wie die ersten Gebäude in Valletta einmal aussahen.

Die Ritter und andere Persönlichkeiten bauten noch viele andere Paläste. Obwohl die Ritter sich an den verschiedenen Aktivitäten ihrer jeweiligen Landsmannschaft beteiligen mussten, waren viele von ihnen so reich und mächtig, dass sie sich ihre eigenen Paläste bauen ließen. Großkommandeur Verdelin baute sein eigenes Stadthaus gegenüber dem Palast des Großmeisters. Es steht noch heute und man kann leicht verstehen, warum ein solches Gebäude die Aufmerksamkeit und Bewunderung der Betrachter auf sich zog. Seine Balkone gehen auf den Hauptplatz und zählen noch immer zu den am besten platzierten Balkonen der Stadt. Der Palast ist auch eines der ersten barocken Bauwerke in Valletta und wird Francesco Buonamici zugeschrieben.

Das Gebäude, in dem das Nationalmuseum der Schönen Künste untergebracht ist, gilt als eines der repräsentativsten

Hauptsaal der Auberge de Castille

Die größte Steinfigur aus den Tempeln von Tarxien

Verzierte Marmorkartusche an der Fassade der Auberge d'Italie

in der Stadt. Vorher hatten hier andere Häuser gestanden, aber das jetzige Bauwerk wurde im achtzehnten Jahrhundert als Wohnsitz für einen der reichsten Ritter errichtet. Wegen seines herrlichen Treppenhauses, das als eines der schönsten in Malta gilt, kommt als Architekt Andrea Belli in Frage. Die Gemälde, die dort zu finden sind, reichen vom vierzehnten Jahrhundert bis in die Moderne. Es gibt Werke von Mattia Preti, Matthias Stomer, Antoine de Favray und vielen anderen ausländischen Künstlern. An maltesischen Künstlern sind unter anderem Francesco Zahra, Stefano Erardi und Giuseppe Calì vertreten. Die Skulpturen von Antonio Sciortino sind von den verschiedenen Denkmälern bekannt, die man auf den Straßen und Plätzen von Valletta und Floriana bewundern kann. In dem Museum gibt eine ausgezeichnete Sammlung von Gipsabgüssen von einigen seiner Denkmäler sowie die Originalbronze von *Les Gavroches* oder *Pariser Straßenjungen*.

Die von Gerolamo Cassar entworfene Auberge d'Aragon aus dem 16. Jahrhundert

Die Bibliotheca war das letzte öffentliche Gebäude, das der Orden in Valletta errichtete. Sie wurde von Stefano Ittar entworfen und sollte die Archive und die umfangreichen Buchsammlungen des Ordens aufnehmen. Sie dient noch immer als Bibliothek und beherbergt die Ordensarchive. Hier kann man die Geschichte des Ordens und der Inseln zur damaligen Zeit erforschen, und auch die Ereignisse des neunzehnten und zwanzigsten Jahrhunderts in den dort gesammelten Zeitungen. Zur Benutzung der Bibliothek muss man sich ausweisen.

Die verschiedenen großen Gebäude Vallettas befinden sich vorwiegend entlang der Hauptstraßen. Der große Palazzo Francia Buttigieg, das erste große Gebäude gleich nachdem man in die Stadt kommt, entstand im neunzehnten Jahrhundert und sollte eine Bewegung weg vom barocken Stil anzeigen, der die Inseln seit dem siebzehnten Jahrhundert beherrschte. Dieses Gebäude wurde durch den Bau des Königlichen Opernhauses auf der gegenüberliegenden Seite der Straße gut ergänzt. Das Opernhaus hatte ein sehr tragisches Schicksal. Es gab Probleme mit den Plänen, weil der englische Architekt nie in Malta gewesen war, bevor er das Theater entwarf. Dann wurde der Innenraum durch einen Brand zerstört. Und schließlich wurde es im Zweiten Weltkrieg durch eine Reihe von Bomben getroffen und seitdem ist nur eine Ruine übrig.

Haupttreppe im Nationalmuseum der Schönen Künste

Dies war nicht das erste Theater in Valletta; das Manoel Theater war schon 1732 eröffnet worden. Der Architekt war Romano Carapecchia, und es war ein Geschenk von Großmeister Anton Manoel de Vilhena. Es war das erste eigens für Theatervorstellungen gebaute Haus in Malta. Vorher fanden Aufführungen in den Hauptsälen der großen Paläste statt. Nach seiner Einweihung wurde das Theater von der einheimischen Bevölkerung begeistert aufgenommen. Obwohl dieses Theater viel von seiner Bedeutung einbüßte, solange das Königliche Opernhaus bestand, erwachte es nach dem Zweiten Weltkrieg zu neuem Leben. Heute ist das Manoel

Lesesaal der Nationalbibliothek

Das Manoel Theater

Moderner künstlerischer Ausdruck im St. James Cavalier

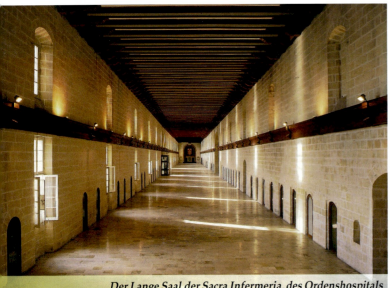

Der Lange Saal der Sacra Infermeria, des Ordenshospitals

Theater das Hauptkulturzentrum der Inseln. Zum Theater gehört auch ein interessantes kleines Museum; das Theater selbst wird gerade restauriert.

Die anderen Theater in Valletta sind historisch nicht so bedeutend wie das Manoel Theater. Der festungsartige Turm, der St. James Cavalier, wurde zu einem kulturellen Kreativitätszentrum saniert. Dort finden Ausstellungen, Konzerte und kleinere Theateraufführungen statt. Ein anderes Gebäude, das die gleichen Einrichtungen bietet, aber in einem größeren Rahmen, ist das Mediterranean Conference Centre. Dort befand sich ursprünglich die Sacra Infermeria, das Krankenhaus des Ordens. Die Ritter behandelten hier alle Kranken ohne Unterschied. Man servierte den Patienten ihr Essen auf Silbertellern, und selbst der Großmeister war verpflichtet, wenigstens einmal in der Woche hier Dienst zu tun. Zu dem Krankenhaus gehörten auch kleinere Abteilungen, wo spezielle Krankheiten behandelt wurden. Außerdem gab es eine Schule für Anatomie. Im Zweiten Weltkrieg wurde der Bau stark beschädigt und erst in den späten siebziger Jahren des letzten Jahrhunderts zu einem Konferenzzentrum umgestaltet.

Nicht weit von diesem Zentrum liegt das Fort St. Elmo, das als erstes Bauwerk auf der Halbinsel errichtet wurde. Dieses Fort spielte bei der Großen Belagerung eine wichtige Rolle, denn obwohl es schließlich von den türkischen Truppen erobert wurde, trotzte es den Angriffen einen ganzen Monat lang, was für die Moral der christlichen Truppen entscheidend war. Bald nachdem die feindlichen Truppen im September abgezogen waren, wurde mit dem Wiederaufbau begonnen, und das Fort blieb während der ganzen Zeit des Ordens in Malta wichtig. Es wurde erweitert und mit weiteren Festungswällen umgeben, um eine Einnahme zu erschweren. Mit der Ankunft der Briten wechselte das Fort die Besitzer, aber es blieb weiterhin wichtig für die Verteidigung des Großen Hafens. Es diente bis in die siebziger Jahre des letzten Jahrhunderts für militärische Zwecke. Heute wird ein Teil des Forts als Polizeiakademie benutzt, der andere Teil wird restauriert. Es gibt dort auch ein sehr interessantes Nationales Kriegsmuseum.

Dieses Museum befindet sich in einer Exerzierhalle des neunzehnten Jahrhunderts. Es gibt zahlreiche Erinnerungsstücke aus der Zeit der Briten in Malta. Obwohl der ganze Zeitraum von 180 Jahren abgedeckt ist, liegt der Schwerpunkt auf Ereignissen und Aktivitäten, die mit dem Zweiten Weltkrieg verbunden sind, als die Inseln zu einer Zielscheibe für Luftangriffe der Achsenmächte wurden. Zu den wichtigsten Ausstellungsstücken gehören Teile einer Gloster Gladiator, einer von drei dieser Maschinen, welche die erste Luftverteidigung der Inseln darstellten; außerdem gibt es Geschütze, die für die Verteidigung Maltas so wichtig waren, und viele Photos von Ereignissen und Persönlichkeiten im Zusammenhang mit diesem Krieg. Um einen richtigen Eindruck von Valletta zu bekommen, muss man die Straßen und Bastionen entlang gehen und die Aussicht erleben, die sich einem von dort bietet. Die Bastionen gehören zum Herzen Vallettas. Von ihnen aus hat man einen guten Blick auf den Marsamxetto Hafen und den Großen Hafen. An drei Stellen auf den Bastionen wurden Parks angelegt. Sie wurden saniert und bilden heute wichtige Oasen der Entspannung für Besucher. Der wichtigste davon ist Upper Barracca Gardens. Der Park liegt am höchsten Punkt der Befestigungen am Großen Hafen und überragt den Hafen, das übrige Valletta und die landseitigen Verteidigungswälle nach Floriana hin. Von hier aus bekommt man einen sehr guten Überblick über die Befestigungsanlagen und wie sie gebaut wurden. Man kann in den tiefen Festungsgraben hinunter schauen und sich gut vorstellen, wie schwer es für den Feind war, von dieser Seite aus Zugang zu gewinnen.

Der Hauptgraben und Befestigungen von Valletta

Die Parks sind auch deshalb interessant, weil man von dort einen ausgezeichneten Blick auf den Großen Hafen hat. Man kann mit Recht sagen, dass dies eine der eindrucksvollsten Hafenansichten im Mittelmeerraum ist. Man blickt auf die Befestigungen des Forts St. Angelo and der Drei Städte, also Vittoriosa, Senglea und Cospicua. Unterhalb der Aussichtsgalerie befindet sich eine Begrüßungsbatterie, die restauriert wurde und wo heute einige Geschütze aus dem neunzehnten Jahrhundert stehen. Ein Traditionsverein zur Pflege militärischer Festungen veranstaltet Besichtigungen und zur Mittagsstunde werden für historische Nachstellungen sogar die Kanonen abgefeuert. Den Park zieren auch eine Reihe von Denkmälern, von denen einige bemerkenswerte Kunstwerke sind. Der britische Gouverneur Maitland ist hier beigesetzt. Es gibt auch ein Denkmal von Antonio Sciortino für Lord Strickland, einen maltesischen Premierminister, für Giuseppe Calì, einen der produktivsten Maler des neunzehnten Jahrhunderts, und für Winston Churchill.

Upper Barrakka Park

Von der Aussichtsgalerie kann man einen anderen, weiter unten nahe bei der Einfahrt in den Großen Hafen gelegenen Park sehen, der als Lower Barracca Gardens bekannt ist. Er ist kleiner und beherbergt nur wenige Denkmäler. Das älteste ist ein interessantes Bauwerk. Es entstand im neunzehnten Jahrhundert zu Erinnerung an Sir Alexander Ball, einen der beliebtesten britischen Amtsträger, der den Maltesern bei ihrer Erhebung gegen die Franzosen zur Hilfe geeilt war. Es wurde in Form eines griechischen Tempels errichtet und mehrfach restauriert. Mit seinen Säulen, Statuen und seiner Größe beherrscht es das Bild. Von diesem Park aus hat man einen schönen Blick über den vorderen Teil des Großen Hafens, auf die Rinella Bucht, das Fort Ricasoli und das Denkmal zur Erinnerung an die zur See gefallenen Helden des Zweiten Weltkriegs. Letzteres hat die Form eines runden Glockenturms, und die Glocke wird jeden Tag zur Mittagszeit geläutet.

Der dritte Park auf den Bastionen von Valletta ist als Hastings Gardens bekannt. Bis zum Beginn des neunzehnten Jahrhunderts gab es hier keine Bäume oder Pflanzen. Nach

Lower Barrakka Park

Die Belagerungsglocke zum Gedenken der Toten des Zweiten Weltkriegs

Die Kirche 'Schiffbruch des hl. Paulus' im Festkleid

der Beisetzung des Marquis von Hastings, eines der ersten britischen Gouverneure in Malta., kamen die Einheimischen mit Blumen zu seinem Grab und schließlich wurde ein richtiges Denkmal mit einem kleinen Garten darum errichtet. Von hier aus bietet sich ein schöner Blick auf die umliegenden Befestigungen, den Vorort Floriana und den Marsamxetto Hafen.

Aus den verschiedenen Perspektiven, die man von diesen Parks auf die Silhouette von Valletta hat, kann man auch die zahlreichen Kuppeln, Kirchtürme und anderen kirchlichen Bauwerke ringsum sehen. Da die Stadt von einem religiösen

Orden gebaut wurde, luden die Ritter auch eine Reihe anderer Orden ein, denen man Land schenkte und die sich daraufhin in Valletta niederließen. Diese Kirchen entstanden im Laufe der Zeit für verschiedene Bedürfnisse oder als Votivgaben. Andere Kirchen wurden nach der Ankunft der Briten gebaut.

Die bedeutendste Kirche in Valletta ist die St. Johannes Konkathedrale. Die frühere Klosterkirche des Ordens ist auch eine der größten Touristenattraktionen in Malta. Der Bau stammt aus dem sechzehnten, die Innenausstattung aus dem siebzehnten und achtzehnten Jahrhundert. Die von Gerolamo Cassar entworfene Kirche wurde von allen Landsmannschaften des Ordens benutzt. Als der Barockstil in Malta Einzug hielt, wurde das Innere von dem italienischen Künstler Mattia Preti umgestaltet, der sich 1661 in Malta niederließ. Das Kirchenschiff gilt als eines seiner Meisterwerke. Der Fußboden der Kirche besteht aus rund 400 mehrfarbigen Grabplatten von zahlreichen Persönlichkeiten jener Zeit, die hier bestattet wurden oder an die mit diesen Kunstwerken erinnert wurde. Es gibt Denkmäler, die vor allem an die verschiedenen Großmeister des Ordens erinnern, die Malta regieren. Es gibt auch Seitenaltäre mit bedeutenden Altarbildern. Das berühmteste davon stammt von Caravaggio und befindet sich im Oratorium. *Die Enthauptung des hl. Johannes des Täufers* ist eines der größten Meisterwerke des Frühbarock. Der Kirche ist ein Museum angeschlossen, dessen Besuch sich lohnt, denn dort sind weitere Kunstschätze zu besichtigen. Dazu gehören ein Reliquiar aus dem siebzehnten Jahrhundert, in dem die Reliquie der Hand des hl. Johannes des Täufers aufbewahrt wurde (ein Geschenk von Großmeister Perellos), zahlreiche liturgische Gewänder (Geschenke verschiedener Ordensmitglieder), Chorbücher und viele andere bedeutende Kunstgegenstände.

Die anderen Kirchen in Valletta sind aus verschiedenen Gründen von Bedeutung. Die drei Pfarreien der Stadt sorgen für das geistliche Wohlergehen der Stadtbewohner. Sie sind jeweils Unserer Lieben Frau vom Sicheren Hafen, dem Schiffbrüchigen hl. Paulus und dem hl. Augustinus geweiht. Die Kirchen entstanden zuerst im sechzehnten Jahrhundert, erlebten aber wie viele andere Gebäude in Valletta zahlreiche An- und Umbauten. Die dem Schiffbrüchigen hl. Paulus geweihte Kirche enthält viele Kunstwerke. Die Gemälde sind sehr wertvoll, besonders das Bild des Hauptaltars, und die Prozessionsstatue gilt als eine der besten in Malta. Sie ist ein Werk des maltesischen Bildhauers Melchiorre Gafà (Caffa oder auch Cafa) aus dem siebzehnten Jahrhundert, der in Rom studierte und arbeitete. Er galt als ebenbürtiger Rivale des großen Bernini und starb jung. In der Woche vor dem 10. Februar erstrahlt die Kirche in all ihrer Pracht und im Schmuck ihrer Schätze. Dieser Tag ist in Malta ein Feiertag.

Eine Reihe anderer Kirchen in Valletta wurden ursprünglich von den Rittern erbaut. Eine kleine Kirche, die Unserer Lieben Frau vom Sieg geweiht war, gilt als die erste in Valletta errichtete Kirche. Sie wurde von Großmeister La Vallette selber in Auftrag gegeben und war seine eigene Privatkirche. Er wurde auch als erster darin beigesetzt, ehe seine Gebeine in die Krypta der St. Johannes Kirche überführt wurden, als diese fertiggestellt war. Gegenüber steht die der hl. Katharina von Alexandrien geweihte Kirche, die im sechzehnten Jahrhundert gebaut und dann von Romano Carapecchia, einem der italienischen Künstler, die dem römischen Barock zum Durchbruch verhalfen, erweitert und ausgeschmückt wurde.

Die Kirchen von Valletta spiegeln verschiedene Aspekte von Geschichte, Kunst und religiöser Erfahrung wider. Alle Pfarreien organisieren alljährlich ihr Kirchweihfest mit Umzügen von Kapellen und Prozessionen mit Statuen der Schutzheiligen. Daneben gibt es auch noch eine kleine Anzahl von anderen jährlichen Votivprozessionen. Die Karfreitagsprozession beginnt in der von Franziskanern geleiteten Kirche der hl. Maria von Jesus. Es ist eine feierliche Prozession zur Erinnerung an die Passion Jesu Christi mit acht Statuengruppen. In der Kirche gibt es ein eindrucksvolles Kruzifix aus dem siebzehnten Jahrhundert. Man sagt ihm Wunderkräfte zu und es wird sehr verehrt.

Während der Zeit der Ritter gab es eine kleine griechische Gemeinde in Malta, die vorwiegend in Valletta lebte. Die für sie gebaute kleine Kirche wurde im Zweiten Weltkrieg zerstört, dann aber wieder aufgebaut. Ihre beiden Hauptikonen werden von den Gläubigen sehr verehrt und von Kunstliebhabern geschätzt. Die Ikone unserer Lieben Frau von Damaskus hat besondere Bedeutung.

Im neunzehnten Jahrhundert wollten die Briten ihre eigenen Kirchen bauen. Als erste wurde die anglikanische St Paul's Cathedral gebaut, die den neoklassizistischen Stil einführte und schließlich mit ihrem hohen Kirchturm die Silhouette von Valletta beherrschte. Sie wurde ursprünglich von einem britischen Architekten entworfen, der jedoch nicht genug Erfahrung mit dem maltesischen Stein hatte. Seine Pläne wurden dann von einem anderen in Malta ansässigen britischen Architekten überarbeitet, der den Bau der Kathedrale vollendete.

Die St Andrews Scots Church wurde in der zweiten Hälfte des neunzehnten Jahrhunderts erbaut. Der Plan stammte von einem maltesischen Architekten und die Architektur der Kirche spiegelt den Geist der damaligen Zeit wider, doch stört sie wenigstens die Silhouette Vallettas nicht zu sehr. Beide Kirchen werden noch immer von in Malta ansässigen Briten benutzt.

Ein Spaziergang durch die Straßen von Valletta ist immer ein Vergnügen. Man entdeckt stets wieder neue Details an den Fassaden der Gebäude, den Straßennischen, den

Kirchen und Häuser Vallettas in der Dämmerung

Detail der Fassade der Dominikanerkirche

Denkmälern und den Plätzen, die ganz unerwartet ins Auge fallen. Vormittags herrscht reges Treiben in den Straßen von Valletta, aber am Nachmittag scheint es ruhiger zu werden, wenn die Touristen in ihre Hotels und die Malteser vom Einkaufen nach Hause zurückkehren. Die Hauptstraßen sind interessant, doch anderswo gibt es auch vieles zu sehen und zu entdecken. Es ist eine kleine Stadt, und daher sollte man versuchen, so viel wie möglich von der Geschichte und vom Wesen Vallettas zu entdecken. .

Es verwundert nicht, dass die Hauptstadt von Malta zu einem UNESCO Weltkulturerbe erklärt wurde.

Links: Nachstellung einer kukkanja, einer Karnevalsveranstaltung, die erstmals 1723 eingeführt wurde

Rechts: Die geschlossenen Holzbalkone sind typisch für viele Häuser in Valletta

Oben: Obst- und Gemüsehändler
in einer Seitenstraße Vallettas

Links: Teenager
plaudern im Schatten
in Valletta

Oben: 'Glaube' - einer der drei
Doppeldecker, die Malta zu Beginn
des Zweiten Weltkriegs verteidigten,
ausgestellt im Kriegsmuseum
im Fort St. Elmo, Valletta

Rechts: Barockes
Konzert im Flur des
Präsidentenpalasts

Valletta mit seinen Häfen und Befestigungen

National Museum of Fine Arts

Pieta Creek

Hay Whart

Gozo Ferry

Boat House

Gozo Channel HQ

St Lukes Hospital

Bocci

Sa' Maison

Gardens

Polversita Bastion

Salvatore Bastion

Ozpizio

Trade Sch

Msida Bastion

Library

Excelsior

St Michaels Bastion

St Andreas Bastion

SANT'ANDRIJA

SAN BIAGIO

INGIERI

VASSALLI

Notre Dame Ravelin

Jubilee Grove

POLICE GARAGE

Argotti Botanical Gardens

St Phillip

LOTTO

Immigration

POLICE HQ

P.JAZZA SAN KALCIDONJU

Curia

GOVT OFFICES

St John Counterguard

St John Bastion

St John Cavalier

V. DIMECH

Bocci

Phoenicia

Triton Fountain

Maglio Gardens

Independence Monument

IR-RE DWARDU VII

Main Bus Terminus

Freedom Sq.

St James Cavalier

St James Bastion

Castille

The Granaries

TRIQ SARRIA

Porte des Bombes

War Monument

St James Counterguard

Batterija

SAN ANTON

Crown Works

St Francis Ravelin

Bocci

Housing Authority

CRUCIFIX HILL

H. Ganado Gdns

TRIQ GIROLAMO CASSAR

War Rooms

Upper Barakka Gardens

Fort Lascaris

Borza ta' Malta

Customs

Lascaris Wharf

National Museum of Archaeology

Magazine Bastion

Cappuchin Curtain

International Sea Ferry Terminal

Valletta Waterfront

TRIQ PINTO

IX-XATT TA'KURCIFISS

IX-XATT TA' LASCARIS

Crucifix Wharf

TRIQ NAZZJONALI

TRIQ L-INDIPENDENZA

6

22

Key Map

	Heritage Malta Site
School	**XEMXIJA** Town Names
Church	Leisure Area
Arterial	Police Station
Distribual	Build up area
Bus Route	Hotel
Secondary	**49** Bus Numbers

ARTERIAL - DISTRIBUAL & SECONDARY WITH BUS ROUTES

1 Road Numbering **P** Parking

Ferry to Sliema

The Great Siege of Malta

Water Polo

Misrah

Salvatore Bastion

German Curtain

San Sebastian Bastion

SD TEATRU L-ANTIK

Misrah I-Indipendenza

TRIQ MARSAMXETT

KARMNU

(WEST ST.)

ST PAULS

GHAJNUNA

TRIQ IL - PUNENT

San Mikiel

San Karlu

GENDUS

AJKLA

Sant Anna

TRIQ IZ- ZEKKA

Manoel Theatre

(OLD BAKERY ST.)

TRIQ IL - FRAN

(ARCHBISHOP ST.)

(ST. CHRISTOPHER ST.)

STRAIT

(OLD THEATRE ST.)

JQA

TRIQ SANTA LUCIJA

John's Cathedral

TEZORERIJA

TRIQ IL-TEATRU L-ANTIK

TRIQ FEDERIKU

ST. DOMENIC ST.

St Domnic 9th.

(REPUBLIC STREET)

TRIQ IL- GHAJN

TRIQ SAN GUZEPP

INFERMERIJA

TRAMUNTANA

TON BALJADA

L-IXPRUN

Marsamxett Harbour

Jews Sally Port

French Curtain

English Curtain

"Gunpost"

National War Museum **H**

St Gregory's Bastion

St Gregory's Curtain

Ball's Bastion

Fort St. Elmo

Police Academy

Abercrombie's Bastion

Granaries

Abercrombie's Curtain

IL- MERKANTI

TRIQ SAN PAWL

(MERCHANTS STREET)

TRIQ L-ARCISOOF

TRIQ SAN KRISTOFRU

TRIQ SAN DUMINKU

TRIQ SAN NIKOLA

(ST URSULA ST.)

L-IBJAR

TRIQ SANT' ORSLA

TRIQ IL - LVANT

TRIQ SANTA BARBARA

TRIQ IL - MEDITERRAN

SQ. IL-BARRAKKA ISFEL

Lower Barrakka Gardens

Castille Curtain

TRIQ MEDITERRAN

Mediterranean Conference Centre

Siege Bell

St Lazarus Bastion

TARAG NIX MANGIARI

IX-XATT IL- BARRIERA

Grand Harbour

Fish Market

H Palace Rooms

H Palace Armoury

H HM Head Office

THE MALTA EXPERIENCE
THE AUDIO VISUAL SPECTACULAR

Casa Rocca Piccola

Breakwater

VALLETTA

49

Karneval

Jedes Jahr wird in verschiedenen Ortschaften auf der Insel Karneval gefeiert. Die Hauptveranstaltung, zu der ein Kinderkarneval, Tanzvorführungen und bunte Festwagen in allen Größen gehören, findet in Valletta statt. Einige Dörfer organisieren ihre eigenen Veranstaltungen, die zum Teil recht interessant sind. Der Karneval war immer mit Religion verbunden, obwohl heute nur noch die Tatsache daran erinnert, dass sein Zeitpunkt durch den römisch-katholischen Kirchenkalender bestimmt wird. Ansonsten haben der Lärm, die Farben, das bunte Treiben und die Unterhaltung des modernen Karnevals nichts mehr mit Religion zu tun. In Gozo findet der Karneval ebenfalls in der Hauptstadt statt, doch gibt es in Nadur eine ganz besondere Art von Volkskarneval. Zum Ende der Fussballsaison, wenn die siegreichen Mannschaften mit den Trophäen nach Hause zurückkehren, werden ähnliche bunte Festwagen benutzt. Solche Feiern gab es schon im sechzehnten Jahrhundert, als Siege der christlichen Mächte in Europa zu Land und zur See auch in Malta gefeiert wurden.

Karnevalswagen auf dem Freedom Square, Valletta

Farbenfrohe Wagen und jugendliche Begeisterung

Große Wagen und leuchtende Farben sind an der Tagesordnung

Junge Dame in Gala für den Karneval

Ein Schritt in die Vergangenheit - in edlen Kostümen

Beim Karneval in Nadur sind manche aus dem Häuschen.

Beim Karneval geht alles ... hier fahren wir in einer alten Rostlaube.

Mdina und Rabat

Mdina ist die alte Hauptstadt Maltas, und Rabat ihr Vorort. Besiedelt war dieses Gebiet mindestens seit dem zweiten Jahrtausend vor Christus. Man glaubt, dass es an dem Ende des Höhenzuges, wo heute Mdina steht, einmal ein Dorf der Bronzezeit gegeben hat. Später siedelten dort die Phönizier, Karthager und Römer und es entstand ein bedeutendes städtisches Zentrum mit einem dramatischen Anwachsen der Bevölkerung. Melita, wie die Stadt zur Römerzeit hieß, war wenigstens dreimal so groß wie das heutige Mdina. Vermutlich gab es ein kleines, befestigtes *oppidum*, während der Rest der Stadt über eigene Befestigungen verfügte.

Bis ins sechzehnte Jahrhundert blieb Mdina das Hauptverwaltungszentrum und die einzige befestigte Stadt in Malta. Der Untergang des Römischen Reiches hatte zu Jahrhunderten großer Unsicherheit geführt. Die Stadt wurde vermutlich in byzantinischer Zeit auf ihre jetzige Größe reduziert. Der Charakter der Gebäude änderte sich ebenfalls, während die Verwaltungsbehörden und eine Reihe bedeutender Familien dort ihre Häuser errichteten. Es blieb das ganze Mittelalter Zentrum der Verwaltung und Standort der Kathedrale, der Hauptkirche der maltesischen Inseln. Das alles änderte sich 1530, als die Inseln an die Johanniterritter fielen und die Bedeutung der Stadt abnahm, da die Ritter sich im Hafengebiet niederließen, zuerst in Birgu und später in Valletta, der speziell für sie gebauten Stadt.

Zur Zeit des Ordens begann der Niedergang der Stadt und sie wurde fast von der Zentralverwaltung und den Bewohnern verlassen. Das Erdbeben von 1693 stellte sich als Glück im Unglück heraus. Die Stadt wurde schwer beschädigt. Nicht nur ein Reihe privater und öffentlicher Gebäude, sondern vor allem die Kathedrale wurde stark zerstört. Das führte zu einer Wiederbelebung, die von der Kirche ausging. Eine neue barocke Kathedrale wurde errichtet, entworfen von Lorenzo Gafà. Großmeister Manoel de Vilhena baute das Haupttor und eine Reihe öffentlicher Gebäude neu auf. Das brachte der Stadt ihre Würde zurück. Heute ist Mdina eine der Hauptattraktionen der maltesischen Inseln, mit seinen alten und mittelalterlichen Straßen, der barocken Kathedrale und den Gebäuden sowie seiner idyllischen Atmosphäre, die man bei einem Spaziergang durch die Straßen verspürt.

Mdina, die alte Hauptstadt Maltas

Der monumentale Eingang zum Hof des Vilhena Palastes, Mdina

Rabat hat ebenfalls seinen eigenen Anteil an der Geschichte Mdinas. Als Mdina verkleinert wurde, nahm die Bedeutung von Rabat als Vorort der Hauptstadt zu. Die religiösen Orden, die im Mittelalter kamen, errichteten ihre Klöster und Kirchen in seinen Mauern. Sie sind noch heute Zentren von Spiritualität, Kunst und Kultur.

Zu den interessanten Dingen gehören die Befestigungen, die an vergangene Zeiten erinnern - wie an die Zeit, als diese Wälle 1429 und 1551 von Feinden belagert wurden. Die Bewohner wollten diese Befestigungen immer in bestem Zustand erhalten, da sie der einzige Schutz waren vor Tod und Sklaverei. Der Eingang in die Stadt Mdina ist ein barockes Bauwerk, das während des Bauprogramms zu Anfang des achtzehnten Jahrhunderts entstand. Zu den schönsten Bauwerken in Mdina gehört der zur gleichen Zeit entstandene Vilhena Palast, der im Auftrag von Großmeister Manoel de Vilhena nach Plänen von François de Mondion gebaut wurde. Er ist im französischen Barockstil erbaut, der damals auf der Insel vorherrschte. Der Hof vor dem Palast hat etwas Theatralisches. Der Blick wird auf den Haupteingang mit seinen Säulen, Verzierungen und der Bronzebüste des Großmeisters gelenkt. Auf den beiden Seitenflügeln ziehen sich um den Hof herum zwei Reihen von gewölbten Balkonen, welche die barocke Theatralik unterstreichen.

Die gewundene Hauptstraße von Mdina folgt dem mittelalterlichen Stadtplan. An der ersten Ecke steht eine kleine Kirche, die der hl. Agatha geweiht ist. An dieser Stelle stand bis gegen Ende des siebzehnten Jahrhunderts eine andere Kirche. Entworfen wurde sie von Lorenzo Gafà, dem maltesischen Architekten, dem wir viele bedeutende Bauwerke der zweiten Hälfte des siebzehnten Jahrhunderts verdanken. Daneben erhebt sich das Kloster und die Kirche der Benediktinerinnen, die seit dem vierzehnten Jahrhundert in der Stadt ansässig sind. In der Kirche finden sich mehrere bedeutende Gemälde von Mattia Preti und seiner *bottega*. Adelspaläste stehen neben weniger edlen Bauten, bis man zum Hauptplatz kommt, der von Lorenzo Gafàs Meisterwerk beherrscht wird. Die nach dem Erdbeben von 1693 erbaute Kathedrale erhebt sich majestätisch über der ganzen Stadt und überragt alle anderen Gebäude. Die schönste Ansicht der Kathedrale bietet sich jedoch außerhalb von Mdina auf dem Weg dorthin, wenn man den von der Kuppel gekrönten Dom über der Stadt aufragen sieht. Man sollte die Kathedrale unbedingt besuchen, denn es ist eine der am besten erhaltenen Kirchen der Inseln und birgt viele bedeutende Kunstwerke. Man sollte auch dem Kathedralmuseum gleich daneben einen Besuch abstatten. Das Gebäude war ursprünglich als ein Priesterseminar geplant. In den sechziger Jahren des letzten Jahrhunderts wurde es zum Kathedralmuseum umgewandelt und gilt heute als eines der wichtigsten Kunstmuseen in Malta. Man findet dort eine gute Sammlung von Gemälden, Silber, Kirchengewändern und eine einmalige Reihe von Stichen Albrecht Dürers.

An der Straße, die von dem Platz zum Aussichtspunkt führt, sowie in den anderen engen Straßen kann man weitere mittelalterliche Gebäude sehen. Die Eingänge und die verzierten Fenster sind typisch für diese Zeit. Der einheimische Globigerina Kalkstein kommt der Kreativität der maltesischen Steinmetze entgegen, da dieser weiche gelbliche Stein leicht zu bearbeiten ist. Vor dem so genannten Normannischen Haus, dem Palazzo Santa Sofia und anderen Gebäuden sollte man verweilen, um die architektonischen Details zu bewundern.

Der Aussichtspunkt ist ein Muss für alle Besucher Mdinas, da man von dort die verschiedenen Städte und Dörfer und das ganze Umland sehr gut sehen kann. Früher war dies einmal der wichtigste Wachturm, weil man dort einen großen Teil der Nordostküste der Insel überblicken kann. Von hier aus wurde dann Alarm gegeben, wenn man feindliche Schiffe in der Ferne entdeckte.

Rabat ist auch wegen seiner historischen Gebäude und anderer Besonderheiten interessant. Hier steht auch eine bedeutende und sehr interessante Domus Romana, die einmal ein gepflegtes römisches Stadthaus war, mit Mosaikfußböden und interessanten Gegenständen aus der Römerzeit. In diese Zeit gehen auch die vielen Katakomben zurück. Der größte Komplex sind die St. Paulus Katakomben, während die St. Agatha Katakomben in der Nähe wegen ihrer Verzierungen besonders interessant sind. Die Katakomben waren Friedhöfe, die ab dem frühen vierten Jahrhundert n. Chr. benutzt wurden, weil Bestattungen innerhalb der Stadtmauern verboten waren. Die berühmte St. Paulus Grotte, wo der Tradition nach der hl. Paulus während seines dreimonatigen Aufenthalts im Jahre 60 n. Chr. hauste, gehört zu einem wichtigen religiösen und baulichen Komplex, zu dem auch die St. Paulus und die St. Publius Kirche sowie das Wignacourt Museum gehören.

Am Rande von Rabat liegt der Buskett Park, eine kleiner bewaldeter Bereich, wo man das ganze Jahr über Erholung und Schatten findet. Dieses Wäldchen war ein bevorzugtes Jagdrevier für die Großmeister. Ein kleiner, aber gut befestigter Palast wurde im 16. Jahrhundert errrichtet und diente den Großmeis-tern als Landsitz. Zu diesem Zweck benutzten ihn auch die britischen Gouverneure, während er heute als Sommerresidenz des maltesischen Präsidenten dient. Am 28. und 29. Juni wird in Malta Mnarja gefeiert, ein besonders beliebtes und traditionelles Fest, zu dem auch eine Landwirtschaftsausstellung im Boschetto gehört, und am Vorabend des 29. ist das Wäldchen voller Menschen, die singen, kochen und gebratene Kaninchen verspeisen. Am nächsten Tag finden in Rabat Tierrennen statt und es werden Preise vergeben für die besten landwirtschaftlichen Produkte. die zu einem Wettbewerb eingereicht wurden.

Unweit vom Boschetto gibt es einen Höhlenkomplex, der noch bis ins neunzehnte Jahrhundert von Menschen bewohnt war, die Schafe und Ziegen hüteten und Felder bestellten. Im siebzehnten Jahrhundert züchteten sie Tiere, um sie den Leuten in Rabat und Mdina zu verkaufen, während sie selber mehr von Gemüse lebten. Um diesen Höhlenkomplex herum liegen alte Steinbrüche aus der Römerzeit; hier findet man auch besonders viele der rätselhaften Karrenspuren (die wegen ihres komplexen Systems auch nach einem Londoner Bahnhof Clapham Junction heißen) und sogar punische Gräber. Das Gebiet ist in archäologischer, historischer und naturkundlicher Hinsicht interessant.

Die Gegend um Rabat ist auch wegen ihrer vielen malerischen Spazierwege auf dem Land beliebt. Die abwechslungsreiche Landschaft dieses landwirtschaftlich bedeutsamen Gebietes lädt zu Spaziergängen ein. Besonders gern besuchen Wanderer die gewaltigen Dingli Klippen, von denen man einen herrlichen Ausblick auf Land und Meer hat, besonders bei Sonnenuntergang.

Links: Die Kathedrale von Mdina wurde nach dem Erdbeben von 1693 neu errichtet. In den folgenden Jahren wurde sie mit Denkmälern und anderen großen Kunstwerken reich geschmückt.

Rechts: Das barocke Seminar aus dem 18. Jahrhundert in Mdina, in dem jetzt das Kathedralmuseum untergebracht ist.

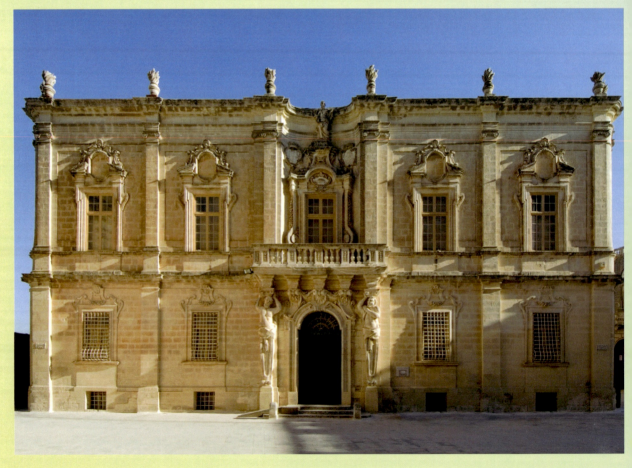

*Oben: In den engen und verwinkelten
Straßen Mdinas findet man
vielerlei Fensterverzierungen,
Balkone und Türeingänge.*

*Links: Haupteingang
zur Corte Capitanale,
heute Büro der
Gemeindeverwaltung.*

*Oben: In kleinen engen
Straßen findet man noch
edle Häuser mit typischen
mittelalterlichen Verzierungen.*

*Rechts: Der unlängst
restaurierte Palazzo
Falson. Das Erdgeschoss
ist der ältere Teil,
der erste Stock
wurde im späten 19.
Jahrhundert angefügt.*

*Links: Der barocke
Eingang zur St.
Paulus Grotte, wo der
Heilige der Tradition
nach die Zeit nach
seinem Schiffbruch
verbrachte.*

Links: Die frühchristlichen St. Paulus Katakomben. Der Hauptraum mit einem Agape-Tisch im Vordergrund.

Unten: Der sonnenbeschienene Kreuzgang des Dominikanerklosters in Rabat.

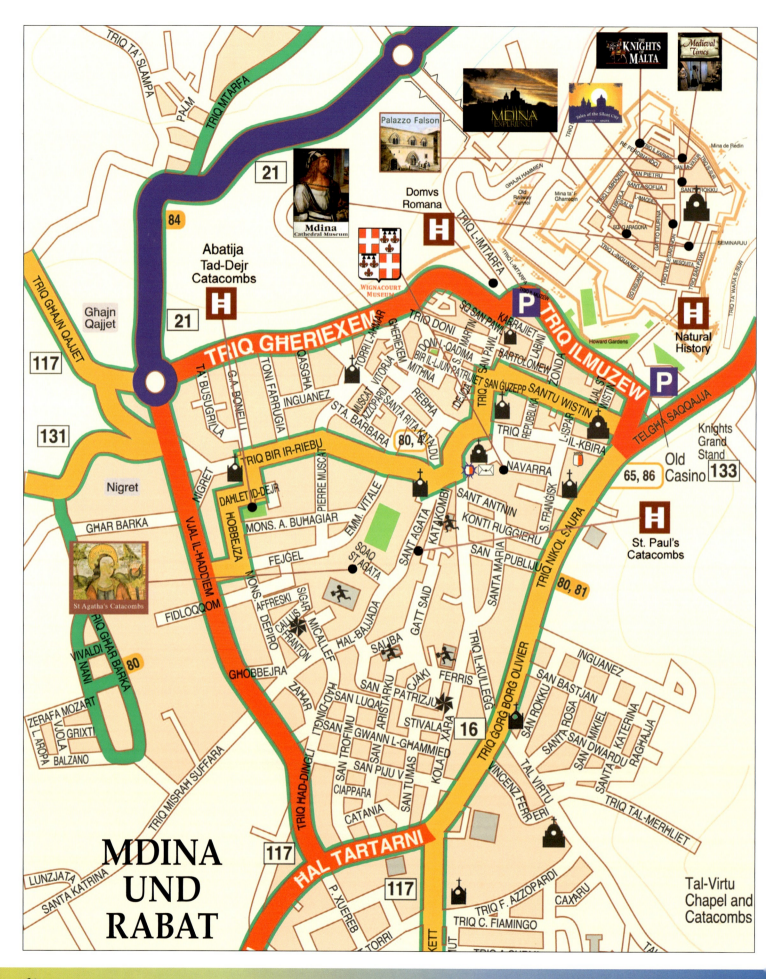

MDINA
UND
RABAT

DAS GEBIET UM COTTONERA

Das Gebiet um Cottonera

Nach der Überlieferung bauten die Phönizier oder die Römer an der Stelle, wo das Fort St. Angelo steht, einen oder mehrere Tempel. Die Araber bauten dann wohl zuerst eine Festung. Die Festungsanlagen wurden dann im Verlauf der Jahrhunderte weiter ausgebaut und bildeten das Zentrum für die Verteidigung des Hafengebiets.

Das Gebiet wird von den Maltesern als Cottonera bezeichnet, weil 1670, als man eine türkische Invsasion fürchtete, ausgedehnte Befestigungsanlagen zur Landseite hin um die drei Städte dort errichtet wurden. Sie sollten die Bewohner der Städte und die Menschen aus den umliegenden Dörfern schützen.

Die Anregung dazu ging auf Großmeister Nicholas Cotoner zurück, daher der Name Cottonera Wälle. Wenn man die Verteidigungsanlagen durchfährt, kann man gut nachempfinden, wie man sich damals gefühlt haben muss, als man jeden Tag um sein Leben fürchten musste.

Die Stadt Senglea (auf Maltesisch Isla) bietet von dem Garten am Ende der Halbinsel einen wunderbaren Blick auf den Großen Hafen und Valletta. Man sollte das reizvolle Aussichtstürmchen nicht übersehen, das als das besterhaltene Beispiel aller maltesischen Festungsbauten gilt. Die Pfarrkirche wurde nach dem Zweiten Weltkrieg neu gebaut, da ihre Vorgängerin im Krieg zerstört wurde. Man kann verstehen, warum Senglea so stark bombardiert wurde, denn unterhalb seiner Wälle befinden sich noch immer die maltesischen Trokkendocks. Bei einem Spaziergang am Strand kann man die anderen Städte und die Bucht, welche die Drei Städte trennt, aus unterschiedlichen Perspektiven sehen. Heute ist hier ein Jachthafen.

Die Hauptattraktion von Cospicua (auf Maltesisch Bormla) ist die der Unbefleckten Empfängnis geweihte Pfarrkirche. Ihre ganze Pracht kann man am besten am Kirchweihtag am 8. Dezember oder während der Karwoche bewundern, wenn sie mit Messgewändern, kunstvollen Statuen und Gemälden geschmückt ist. In der Nähe der offiziellen Einfahrt nach Cospicua steht das barocke Eingangstor zu den St. Margerita Wällen aus dem siebzehnten Jahrhundert.

Fortsetzung Seite 66

Die Drei Städte, im Hintergrund Valletta

Papiermaché-Statue von Großmeister Cotoner vor dem St. Helena Tor

*Oben: Fort
St. Angelo und die
Hafeneinfahrt.*

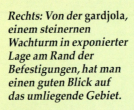

*Rechts: Von der gardjola,
einem steinernen
Wachturm in exponierter
Lage am Rand der
Befestigungen, hat man
einen guten Blick auf
das umliegende Gebiet.*

*Links: Maltesisches
Fischerboot (luzzu).
Im Hintergrund
die Befestigungen
von Senglea.*

Rechts: Vittoriosa ist bekannt für seine großen und kunstvollen Fahnen, die als Straßenschmuck dienen.

Links: Die Pfarrkirche von Cospicua beherrscht das Bild und den Hafen.

Unten: Kreuzrippengewölbe im Inquisitorenpalast aus dem 16. Jahrhundert in Vittoriosa.

Befestigungen von Birgu

Luftschutzräume aus dem Zweiten Weltkrieg

Reich verzierter Innenraum der Pfarrkirche St. Laurentius

Fortsetzung von Seite 62

Birgu bzw. Vittoriosa, wie es offiziell heißt, war wohl schon in prähistorischer Zeit besiedelt. Man glaubt auch, dass am äußersten Ende der Landzunge, die in die Mitte des Großen Hafens hineinragt, ein von den Phöniziern errichteter Tempel stand. Die Befestigungsanlagen der Stadt sind eindrucksvoll. Die Zufahrt erinnert an das mittelalterliche System, als Eingänge aus mehr als einem Stadttor bestanden. Hier muss man drei verschiedene Tore passieren, die jeweils von den Bastionen dahinter verteidigt und geschützt werden. Es war bestimmt nicht einfach, diese Tore zu überwinden. Man kann gut sehen, dass die Befestigungen aus dem gewachsenen Felsen herausgeschnitten wurden, der nur ganz oben mit ein paar Lagen behauener Steine gekrönt wurde, um eine bessere Fluchtlinie zu bekommen. Die Gräben der Stadt wurden auch im Zweiten Weltkrieg von den Leuten benutzt, die ihre Heimatstadt nicht verlassen wollten. Man grub viele Luftschutzstollen in die Bastionen; ein Labyrinth solcher Gänge wurde unlängst restauriert und für Besucher zugänglich gemacht. Darin kann man gut nachempfinden, was es für die Malteser damals bedeutete, im gefährlichsten Bereich der Insel zu wohnen und jahrelange Luftangriffe zu erdulden.

Die Hauptkirche von Vittoriosa ist dem hl. Laurentius geweiht, dem Schutzheiligen der Stadt, an dessen Festtag die ganze Stadt festlich geschmückt ist. Die Kirche stand bereits vor der Ankunft der Ritter im Jahre 1530, die sie dann übernahmen und zu ihrer Klosterkirche machten. Die Großmeister und der Orden verschönerten das Innere der Kirche, in der alle bedeutenden Funktionen stattfanden, die mit einem religiösen Militärorden verbunden sind. Als der Orden 1571 offiziell nach Valletta umzog, wurde die Kirche wieder Pfarrkirche von Vittoriosa. Als später ein Inquisitor in Malta eingesetzt wurde, dessen Amtsräume sich in einem der Paläste in Vittoriosa befanden, wurde die Kirche von diesen bedeutenden kirchlichen Würdenträgern bis zum Ende des achtzehnten Jahrhunderts benutzt. Im siebzehnten Jahrhundert wurde die Kirche nach Plänen des in Vittoriosa geborenen Lorenzo Gafà neu erbaut, der zu den besten maltesischen Architekten zählt. Unter den verschieden Kunstschätzen der Kirche sind besonders das Altarbild von Mattia Preti und die Statue des Heiligen hervorzuheben, die bei der jährlichen Prozession herumgetragen wird. Im St. Joseph Oratorium neben der Hauptkirche gibt es ein kleines Museum mit Erinnerungsstücken der Ritter und neueren Gegenständen im Zusammenhang mit der Kirche und Vittoriosa. Man kann dort auch das von La Valette während der Großen Belagerung von 1565 benutzte Schwert und seinen Großmeisterhut sehen.

Vittoriosa war 41 Jahre lang Verwaltungssitz des Ordens, doch blieb es auch danach noch wichtig, da die Marine weiterhin ihre Arsenale und Büros hier hatte. Bei einem

Spaziergang durch die Stadt kann man die architektonischen Schätze der Stadt bewundern. Die andere große Kirche in Vittoriosa ist ein moderner Bau an Stelle einer im Zweiten Weltkrieg zerstörten Kirche. Sie wird vom Dominikanerorden geleitet, der sich im frühen sechzehnten Jahrhundert in der Stadt niederließ. Der Kirche gegenüber befindet sich der Palast des Inquisitors, ein Labyrinth von Gängen, Räumen und Gefängniszellen sowie einer sehr interessanten Ausstellung von ethnographisch interessanten Gegenständen. Der Palast wird zur Zeit restauriert, ist aber weiterhin für Besucher zugänglich.

Tribunal im Inquisitorenpalast

In der Altstadt steht das erste Krankenhaus, das der Orden errichtete; heute befindet sich darin ein Nonnenkloster. Die zu dem Kloster gehörende Kirche wurde von Lorenzo Gafà erbaut und das Altarbild stammt von Mattia Preti.

Die Ritter bauten hier ihre ersten Auberges. Obwohl diese kleinen Stadthäuser oft umgebaut wurden, sind zwei davon noch fast originalgetreu erhalten geblieben. Das beste Beispiel ist die englische Auberge, die als Bezirksbibliothek und Büro der Gemeindeverwaltung dient. Die Rüstkammer diente als Lager für Waffen und Rüstungen, weil man nur in Notfällen Waffen tragen durfte. Die Ritter verfügten über mehrere solcher kleinen Gebiets-Rüstkammern zur Lagerung von Waffen und Rüstungen, die dann an die Bevölkerung verteilt wurden. In den gewundenen Straßen kann man viele interessante Details entdecken, von einem mittelalterlichen Fenster bis zu modernen Gebäuden und Dekorationen. In manchen alten Häusern entstanden auch Weingaststätten, in denen die ursprüngliche Form des Hauses erhalten blieb. Von den Befestigungen, die einen großen Teil der Stadt umgeben, hat man eine gute Aussicht auf die umliegenden Gebiete. In der Galeerenbucht ist jetzt ein moderner Jachthafen entstanden, der die Tradition fortsetzt, Schutzsuchenden in ihren ruhigen Gewässern Zuflucht zu bieten.

Auberge d'Angleterre im mittelalterlichen Teil von Birgu

Kalkara ist ein kleines Fischerdorf, das ursprünglich im Schatten der Befestigungen der Drei Städte lag. Es hat sich zu einem beliebten Wohngebiet in dieser Gegend entwickelt. Die meisten Gebäude sind neueren Datums, auch die Kirche, die in den fünfziger Jahren des letzten Jahrhunderts erbaut wurde. An der Spitze der Halbinsel, wo der italienische Ritter Fra Bichi im siebzehnten Jahrhundert eine Sommerresidenz hatte, baute die britische Admiralität ein Marinekrankenhaus, das bis in die siebziger Jahre des letzten Jahrhunderts in Betrieb war und wo heute des Restaurationszentrum von Heritage Malta untergebracht ist. Im Schatten des 1670 erbauten Forts Ricasoli gibt es auch eine kleine sandige Bucht. In dem Fort wurden die Kulissen für *Gladiator* und *Troja* nachgebaut, zwei Hollywood-Kassenschlager, die in den Mediterranean Film Studios entstanden.

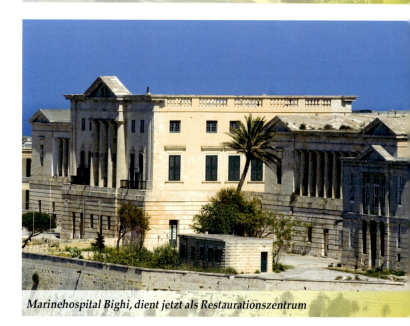

Marinehospital Bighi, dient jetzt als Restaurationszentrum

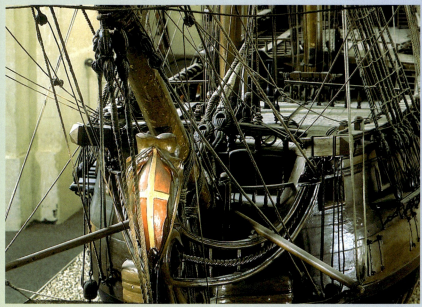

Oben: Detail eines Modells eines Linienschiffs aus dem 18. Jahrhundert im Seefahrtsmuseum.

Rechts: Freiheitsdenkmal zur Erinnerung an den Abzug der britischen Streitkräfte.

Schmiedeeisen

Eine stete Hand zum Bemalen kleiner Modelle

Handbemalte Keramik

Filigranarbeit

Glasbläser

Farbenfrohe Glaserzeugnisse

Das Kunsthandwerkerdorf

Das Ta' Qali Crafts Village befindet sich auf einem ehemaligen Flugplatz zu Füßen der Bastionen und der Kathedrale von Mdina und nicht weit weg von der Rotunda, der Kuppelkirche von Mosta. Man erkennt sofort an den typischen Wellblechhütten, dass hier früher einmal ein Flugplatz war. In einer ehemaligen Flugzeughalle wurde die sehr erfolgreiche Mdina Glas Fabrik eingerichtet. Man kann hier nicht nur fertige Produkte kaufen, sondern zuschauen, wie sie gefertigt werden.

Auf der anderen Seite dieser großen Halle findet man eine Ansammlung kleiner Hütten, in denen verschiedene Kunsthandwerksbetriebe untergebracht sind. Meistens arbeiten die Handwerker in diesen Hütten, so dass Besucher ihnen bei der Arbeit zuschauen können. Zu den interessantesten und typischen Souvenirs der Inseln gehören Klöppelspitzen, die besonders bei maltesischen Damen und als Geschenk beliebt sind, Töpferarbeiten, die in Malta auf eine rund 7 000 jährige Tradition zurückblicken, und Filigranschmuck. Möglicherweise wurde letzterer von den Phöniziern eingeführt, die für ihre Schmuckarbeiten bekannt waren. Obwohl nur wenige Stücke aus dieser Epoche in Malta gefunden wurden, waren die heutigen Muster seit der Zeit der Johanniterritter bei allen Frauen beliebt. Auf vielen Bildern kann man Darstellungen von zeitgenössischen Frauen sehen, die solchen Schmuck tragen.

Daneben gibt es noch eine Reihe anderer kleiner Souvenirläden. Es gibt außer dem Kunsthandwerkerdorf in Ta` Qali auch eines in Gozo.

Töpfer bei der Arbeit

Frühestes weibliches Tonfigürchen aus den Hütten von Skorba (Hintergrund Luftaufnahme), Mġarr

Archäologie

Als der Mensch begann, Boote zu bauen und sich aufs Meer zu wagen, war es möglich, die Maltesischen Inseln vom nahe gelegenen Sizilien aus zu erreichen. Man kann sich ausmalen, wie die ersten Menschen die Meerenge überquerten, Da sie nicht wussten, ob das neue Land bewohnt war, ließ die Neugier sie schließlich das Wagnis eingehen. Was sie dort vorfanden, muss ihnen gefallen haben, da sie sich um 5000 v. Chr. dort niederließen und ihren Lebensstil mitbrachten. Das Zusammenleben in Gemeinschaften und der Ackerbau wurden eingeführt.

Die ältesten Spuren dieser Menschen auf den Inseln hat man in Għar Dalam und anderen Höhlen sowie in dem Dorf Skorba entdeckt. Das Leben in Höhlen war offenbar bei verschiedenen Mittelmeervölkern nicht unbekannt und ist auch heute noch in einigen Gebieten der Region anzutreffen. Da es um das Mittelmeer herum viel Kalkstein gibt, findet man auch zahlreiche vom Wasser auf natürliche Weise geschaffene Höhlen. Das weiche Gestein führte die Menschen auch dazu, diesen wichtigen Rohstoff zu bearbeiten und kleine Hütten, Mauern und sogar ein Dorf wie Skorba zu errichten. Diese Menschen führten auch die Landwirtschaft ein und brachten Saatgut und gezähmte Tiere mit.

Għar Dalam ist eine der faszinierendsten Stätten, wenn man sich für die frühe Vorgeschichte der Inseln interessiert. In dieser Höhle fanden sich Überreste der ersten Menschen sowie, Keramik unterschiedlicher Stilrichtungen. Unter der Schicht von Ablagerungen aus der Zeit dieser Menschen entdeckte man eine Reihe von Erdschichten, aus denen man die Entstehung der Inseln ablesen konnte. Darin fand man Fossilien prähistorischer Tiere wie Füchse, Wölfe, Braunbären, Flusspferde und Elefanten. Verschiedene Arten der beiden letzteren wurden in den untersten Schichten gefunden, wobei Zwergformen von Elefanten ganz besonders interessant sind, die den wissenschaftlichen Namen *elephas melitensis* erhielten.

Im Laufe der Zeit wurden die frühen Bauern geschickter im Umgang mit dem Kalkstein und begannen mit dem Bau größerer Heiligtümer. Sie begannen mit kleinen, kleeblattförmigen Tempeln, aus denen sich schließlich die gewaltigen Tempelanlagen entwickelten, die wir noch heute bewundern. Man konnte eine beträchtliche Zahl von Tempelstätten identifizieren, von denen einige noch sehr gut erhalten sind. Die wichtigsten Anlagen aus dieser Zeit sind das unterirdische Hypogäum und die Tempelbauten von Ħaġar Qim, Mnajdra und Tarxien sowie von Ġgantija in Gozo. Diese Tempel gelten

In der Höhle von Għar Dalam (im Hintergrund) gefundene verzierte Griffe

Das 'Allerheiligste', Hal Saflieni Hypogäum

Zwei der Innenapsen des zentralen Tempels in Tarxien

Steinaltäre am Eingang zu einer Apsis der Ħaġar Qim Tempel

als die ältesten freistehenden Bauwerke der Welt und wurden aus diesem Grund in das Weltkulturerbe der UNESCO aufgenommen.

Das **Hypogäum** ist einzigartig. Es ist der einzige unterirdische Komplex, der aus dieser Zeit überlebt hat. Ab etwa 3500 v. Chr. begann man damit, ihn aus dem gewachsenen Felsen herauszuhauen, als die prähistorischen Inselbewohner offenbar tiefer in die Erde vordrangen, um ihre Friedhöfe zu erweitern - denn genau dazu diente das Hypogäum. Die unterirdische Anlage gibt uns auch eine sehr gute Vorstellung davon, wie die Tempel über der Erde in ihrer Blütezeit ausgesehen haben könnten. Die Wandverzierungen in rotem Ocker und die typischen Baumerkmale findet man in allen Tempeln wieder. Hier wurden zahlreiche Gegenstände entdeckt, von denen der wichtigste wohl die kleine Terrakottafigur der Schlafenden Dame ist, ein Meisterwerk prähistorischer Kunst, das man im Archäologischen Nationalmuseum in Valletta bewundern kann.

Der Tempelkomplex von **Tarxien** besteht aus wenigstens vier Anlagen. Hier kann man verstehen, wie sich die unterschiedlichen Baustile entwickelt haben. Der früheste Tempel stammt aus der Zeit um 3200 v. Chr. und besteht weitgehend aus kleinen Steinen. Der zweite Tempel ist ganz anders und für seinen Bau wurden große Steine verwendet. Seine Erbauer hatten offenbar mehr Erfahrung im Umgang mit dem Stein und beherrschten seine Bearbeitung. Der dritte Tempel ist komplexer. Die Fassade ist eindrucksvoll, wenn auch das meiste, was man sieht, eine Rekonstruktion ist. Der Zentralhof diente offenbar für große Veranstaltungen, da scheinbar alle Tempel über solche offene Vorhöfe vor dem Haupteingang verfügten. Das Innere, besonders die ersten beiden halbkreisförmigen Räume oder Apsen, gelten als die von allen Tempeln am meisten ausgeschmückten. Die verschiedenen Steine tragen spiralförmige Reliefs und Tiermotive, und man findet auch eine Kopie der Kolossalstatue einer menschlichen Figur. Sie wird zwar meistens die Dicke Dame genannt, doch gibt es eigentlich keinen Hinweis auf das Geschlecht. Der letzte Tempel mit seinen perfekt gefugten Wand- und Bodenplatten und seinen Verzierungen ist ein weiteres Juwel prähistorischer Tempelarchitektur.

Die beiden Tempelkomplexe **Ħaġar Qim** und **Mnajdra** im Südwesten der Insel sind ebenfalls äußerst interessant. Ħaġar Qim ist leicht zu erreichen, während Mnajdra am Fuß einer Anhöhe liegt; hier kann man eine Szenerie wie bei keinem anderen prähistorischen Tempel erleben. Ħaġar Qim folgt nicht dem normalen Grundriss der Tempel, denn als es erweitert wurde, veränderten Anbauten den ursprünglichen Plan. Doch finden sich auch hier alle Charakteristika, wie die Fassade, die großen Megalithen, die Apsen und die Verzierungen im Innern. Um die äußere Umfassungsmauer herum finden sich andere Überreste, die noch der Klärung bedürfen. Der Spaziergang hinunter zu den Mnajdra Tempeln bietet eine Szenerie, die eher dem entspricht, was die prähistorischen Bewohner sahen.

Der zweite der drei Tempel birgt etwas, was als der älteste Steinkalender der Welt angesehen wird. Er wurde offenbar so angelegt, dass der Beginn der vier Jahreszeiten angezeigt wird, wenn die Strahlen der aufgehenden Sonne bestimmte Ecken in dem Tempel erleuchten und so den Anfang einer neuen Jahreszeit verkünden. Dieses Phänomen kann man auch heute noch beobachten.

In Gozo gibt es die eindrucksvollen **Ġgantija** Tempel. Sie bestehen aus zwei aneinander stoßenden Tempeln. Der größere ist der frühere, und die inneren drei Apsen bilden den ersten Tempel, der an dieser Stelle entstand. Später wurden zwei weitere Apsen angebaut und ein anderer, neuer Tempel direkt neben dem alten Bauwerk errichtet. Der Baustil in diesem Tempel ist ganz unterschiedlich. Bis auf ein paar behauene Ecksteine sind die Steine unbearbeitet geblieben und erinnern mehr an den zyklopischen Stil, der die folgende Epoche der Bronzezeit beherrschen sollte. Die Überreste seiner Fassade sind jedoch sehr eindrucksvoll und von großer Höhe. Das Gerüst, das man sieht, dient zu Forschungsarbeiten, mit denen man geeignete Methoden finden will, um diese Steine für die Nachwelt zu erhalten.

Andere prähistorische Tempel in Malta, die überlebt haben, sind die von **Skorba** und **Ta' Haġrat** nicht weit von Mġarr. In der Nähe des Großen Hafens gibt es noch die Kordin III Tempel, und auf dem Lande kann man noch eine Reihe weiterer Überreste sehen.

Neben diesen wichtigsten prähistorischen Überresten gibt es noch einige andere Stätten. Dazu gehören die kleinen aufrecht stehenden Steine, die als Menhire bekannt sind. Sie sind nicht mit ihren europäischen Gegenstücken zu vergleichen, weil sie nicht verziert sind und man bei ihnen niemals Keramik gefunden hat, die eine genaue Datierung ermöglichen würde. Sie sind an verschiedenen Stellen auf den Inseln zu finden. Eine andere Art kleinerer prähistorischer Überreste sind die so genannten Dolmen, die auch denen im übrigen Europa ähneln, aber viel kleiner sind. Sie dienten offenbar als Begräbnisstätten, aber auch hier fehlen Keramikfunde, mit denen man sie datieren könnte. Die Beispiele in Malta bestehen meistens aus einem großen Steinblock, der auf einer Reihe kleinerer Steine ruht. Man nimmt an, dass unter dem großen Stein Urnen mit verbrannten Überresten beigesetzt wurden.

Die sogenannten Karrenspuren sind die rätselhaftesten archäologischen Spuren auf den Inseln. Sie sind jeweils paarweise in den Felsen eingeschnitten und ähneln im Prinzip modernen Bahnschienen. Einige erstrecken sich über beachtliche Entfernungen, aber es noch immer nicht klar, wohin sie führten. Man weiß auch nicht, was auf diesen Bahnen transportiert wurde. Wenn man das wüsste, könnte man sie und das benutzte Transportmittel vielleicht besser datieren. Die Schleifspuren sind V-förmig und haben meistens die gleiche Tiefe und Breite. Man findet sie an vielen Stellen, wobei die in

Fortsetzung Seite 78

Die eindrucksvollen Wände einer der Seitenapsen im Mnajdra Südtempel

Fassade des Ta' Haġrat Tempels, Mġarr

Der Dolmen in Mosta, einer der kleineren Überreste aus der Bronzezeit

Oben: Eine der reizvollsten kleinen Figurinen aus dem prähistorischen Malta, die Schlafende aus Hal Saflieni.

Links: Darstellung einer Schwangeren, vermutlich Votivgabe, aus Mnajdra.

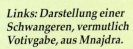

Oben: Korpulente sitzende Figuren aus Ħaġar Qim.

Rechts: Die maltesische Venus, eine Aktfigur aus Ħaġar Qim.

Die rätselhaften Schleifspuren in San Pawl Tat-Tarġa

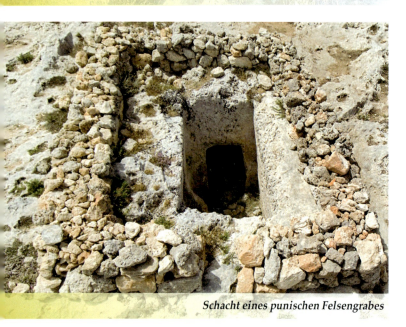

Schacht eines punischen Felsengrabes

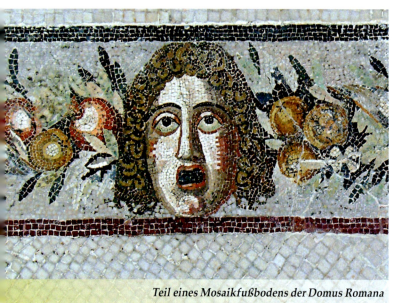

Teil eines Mosaikfußbodens der Domus Romana

Fortsetzung von Seite 75

San Pawl Tat-Tarġa bei Naxxar, die beim Buskett Park gelegenen und als Clapham Junction bekannten sowie die in Dwejra auf Gozo zu den interessantesten zählen. Und zu alledem streitet man noch immer über die Zeit, in die sie gehören. Manche halten sie für prähistorisch, andere datieren sie ins Altertum in die Zeit der Phönizier, Punier oder Römer. Eine Reihe von Steinbrüchen, die aus der Römerzeit stammen, wurden unweit der Karrenspuren bei Buskett ausgemacht.

Aus dem Altertum stammen einige archäologisch bedeutsame Stätten. Dazu zählen insbesondere die vielen kleinen und großen in den Felsen gehauenen Einzelgräber, von denen die ältesten auf die Phönizier zurückgehen. In der Nähe der oben erwähnten Karrenspuren bei Buskett gibt es eine Reihe von Felsengräbern, in denen zwei Leichen gleichzeitig Platz fanden. Diese Gräber dienen als Hinweis auf frühe phönizische Ansiedlungen und Lebensweise.

Die Phönizier führten die Schrift und Münzen auf den Inseln ein. Sie siedelten sich in der zentral gelegenen Stadt Mdina an und bauten einen Ringwall, um sie gegen Piratenüberfälle zu schützen. Es gab aber auch Siedlungen an der Küste, weil sie Seefahrer waren. Die Karthager folgten ihrem Beispiel, führten aber das Wohnen auf dem Land ein. Ihre Bauernhäuser verfügten über Wohnräume und Arbeitsbereiche. Die Inseln wurden von der aufstrebenden römischen Macht angegriffen und schließlich im Jahre 218 v. Chr. im zweiten punischen Krieg besetzt. Das führte zu einer neuen Art von Regierung und Mentalität, obwohl die Kultur wie in den vorgehenden Jahrhunderten eng mit der nordafrikanischen verbunden blieb.

Die Überreste aus der Römerzeit sind nicht sehr zahlreich, aber eindrucksvoll. An erster Stelle ist die Domus Romana zu nennen, ein Stadthaus innerhalb der befestigten Stadt Melita, wie die Inseln und die Hauptstadt in römischer Zeit hießen. Die prächtigen Mosaikfußböden dieses Hauses weisen auf Status und Reichtum seiner Besitzer hin. Der beste Teil ist praktisch unversehrt erhalten geblieben, obwohl im zehnten und elften Jahrhundert auf den Ruinen des Hauses ein moslemischer Friedhof angelegt wurde.

Die Mosaiken zeigen, dass sie von einem sehr fähigen wandernden Künstler stammen, der vom hellenistischen Stil beeinflusst war. Die verschiedenen Räume waren reich verziert, doch sind leider einige sehr stark zerstört. Das zentrale Peristyl wurde von 16 Steinsäulen umrahmt, von denen nur noch Bruchstücke übrig geblieben sind. Das Museum, das bei diesem palastartigen Gebäude errichtet wurde, erzählt die Geschichte der Entdeckung des Hauses und des moslemischen Friedhofs. Man kann dort moslemische Grabsteine, häusliche Gegenstände aus der Römerzeit, große Statuen und Mosaiken-Fragmente sehen. Hinter dem Museum kann man einen Blick auf einen Teil der römischen Stadt Melita werfen.

Es gibt noch wenigstens zwei andere bedeutende römische Fundstätten. Eine ist ein römisches Bad, das zur Zeit restauriert wird. Es besteht aus einem Komplex mehrerer Räume, wie sie typisch für römische Bäder sind. Es entstand nahe bei einer Quelle, von der das Wasser ins Bad geleitet wurde. Es umfasste auch Umkleideräume, verschiedene mit dem römischen Baderitual verbundene Räume, Latrinen und ein Schwimmbad. Die Böden der meisten Räume sind recht gut erhalten und mit Mosaiken bedeckt.

In Burmarrad bei St Paul's Bay findet man die Ruinen eines Landhauses. Dieses Gebiet war schon in der Bronzezeit besiedelt und blieb es auch späterhin. Die Römer bauten hier eine Landvilla oder einen Bauernhof mit einem angeschlossenen Arbeitsbereich.

Ruinen von San Pawl Milqi

Der Tradition nach gehörte die Villa dem maltesischen Gouverneur Publius im Jahre 60 n. Chr., als der hl. Paulus vor der Insel Schiffbruch erlitt. Man glaubt, dass Publius Paulus und seine Gefährten hier begrüßt und Paulus den kranken Vater von Publius geheilt habe, woraufhin der Gouverneur Christ geworden sei. In mittelalterlicher Zeit wurde über der Öffnung des in dieser Villa gefundenen Brunnens, den Paulus angeblich zur Taufe von Publius benutzte, eine kleine Kirche gebaut. Diese Kirche wurde mehrfach neu errichtet. Der Komplex wird von Heritage Malta verwaltet und ist nur auf Anfrage zugänglich.

Zu den archäologisch bedeutenden Stätten dieser Zeit gehören auch die verschiedenen Katakomben. Die eindrucksvollsten findet man im Gebiet von Rabat, besonders die beiden großen als St. Paulus bzw. St. Agatha Katakomben bekannten Komplexe. Diese unterirdischen Begräbnisstätten werden mit frühchristlichen Gemeinden in Zusammenhang gebracht, doch wurden sie von allen verschiedenen religiösen Gemeinden auf den Inseln benutzt. Die unterirdischen Anlagen zeigen, dass es auch damals schon unterschiedliche Gräber für reiche und für ärmere Familien gab.

Verzierte Seitenwände der Salina Katakombem

Die Verzierungen, die Größe und der Aufbau mancher dieser Gräber unterscheiden sich stark und man sollte wenigstens einen dieser Komplexe unbedingt gesehen haben.

Für die Römerzeit bietet das Museum der Domus Romana in Rabat die beste Sammlung, während man für die prähistorischen Fundstücke am besten das Archäologische Nationalmuseum in Valletta besucht, wo man die Originale sehen kann. Das archäologische Museum in Gozo enthält ebenfalls eine gute, wenn auch kleine Sammlung prähistorischer, klassischer und mittelalterlicher Funde.

Fresken an den Wänden der St. Agatha Höhlenkirche, Rabat

Links: Scheibenidole aus der Bronzezeit, der letzten Epoche der maltesischen Vorgeschichte.

Links: Rekonstruierte Marmorstatue des Kaisers Claudius, ausgestellt in der Domus Romana.

Links: Das phönizische Osiris-Symbol zum Schutz gegen Unheil, das man noch heute an maltesischen Fischerbooten sehen kann.

Unten: Bunte Fayence-Phiolen aus punischer Zeit.

*Oben und rechts:
Bleisiegel des Archons
Theophylact aus dem
9. Jahrhundert, 1960
in Gozo gefunden.*

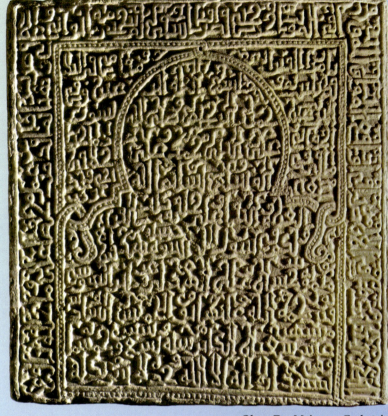

*Oben: Der Maimuna Grabstein,
angeblich in Gozo gefunden, heute
im Archäologischen Museum
in der Zitadelle ausgestellt.*

*Unten: Kleiner Reliquienschrein
(hagiothecium) aus der Zeit um
1340, den die Johanniterritter aus
Rhodos mitbrachten. Jetzt im
Kathedralmuseum, Mdina.*

*Oben: Marmorwappen
der Adelsfamilie Inguanes
an der Innenseite des
Haupttors von Mdina,
der alten Hauptstadt und
Hochburg der Familie.*

Mosta

Man glaubt, dass Mosta seinen Namen wegen seiner zentralen Lage auf der Insel trägt. Es war eines jener Dörfer, die beliebt wurden, nachdem die Johanniterritter dauerhafte Anlagen zum Schutz der Küsten errichtet hatten, denn vorher drohten immer Piratenüberfälle. Eine Reihe von Legenden erinnern an diese Zeit. Eine der bekanntesten ist die Geschichte der Braut von Mosta. Darin geht es um eine Braut, die ihren künftigen Mann treffen sollte, als eine Gruppe von Piraten, die in der Nähe gelandet waren, das Haus überfiel, in dem die Frauen sich versammelt hatten, und diese entführte. Der Bräutigam schwor, dass er seine Braut finden würde. Er brauchte viele Jahre dafür, und sie starb bald danach in seinen Armen, aber in dem Wissen, dass er sie nie aufgegeben hatte. Ein Park auf dem Geländeabbruch, von dem man auf das Tal von Burmarrad hinunterschaut und die Befestigungen der Victoria Wälle aus dem neunzehnten Jahrhundert überblickt, ist nach der Braut von Mosta benannt. Mit der kleinen Kirche, die Unserer Lieben Frau der Hoffnung geweiht ist, ist eine andere schöne Legende verbunden.

Mosta wurde im frühen siebzehnten Jahrhundert eine eigene Pfarrgemeinde. Damals wurde eine größere Kirche gebaut, die aber schließlich im neunzehnten Jahrhundert unter der riesigen Rotunda verschwand. Diese neue Kirche war eine architektonische Leistung. Ihr Bau dauerte über 30 Jahre, und sie entstand ohne Gerüst um die alte Kirche herum, damit die Gemeinde weiterhin ihren religiösen Obliegenheiten nachgehen konnte. Der Architekt war der Malteser Giorgio Grognet de Vassè, der den Vorschlag machte, eine Kirche wie das Pantheon zu bauen, damals die einzige ihrer Art in Malta. Wegen der Nähe zum Flugplatz Ta' Qali lag Mosta im Zweiten Weltkrieg auf dem Weg von Flugzeugen, die den Flugplatz angriffen. Bei einem solchen Angriff im Jahre 1942 wurden mehrere Bomben um die Rotunda herum abgeworfen, von denen eine die Kuppel durchschlug. Die Bombe explodierte jedoch nicht, und obwohl über 300 Menschen in der Kirche waren, kam keiner zu Schaden. Die Kuppel wurde nur leicht beschädigt und blieb intakt, was die Menschen als Wunder betrachteten. In der Sakristei kann man eine Nachbildung der Bombe sehen, welche die Kuppel durchschlagen hatte.

Die Straßen von Mosta bieten interessante architektonische Einzelheiten. Mosta hat auch seine eigenen prähistorischen Überreste und landschaftlich reizvolle Gegenden. Die Dolmen bestehen aus einer flachen Steinplatte, die auf Steinblöcken ruht und vermutlich zu Bestattungen diente. Außerdem gibt es das eindrucksvolle Fort Mosta, das zu den von den Briten zum Schutz ihres Marinestützpunktes im Großen Hafen errichteten Befestigungsanlagen der Victoria Wälle gehört.

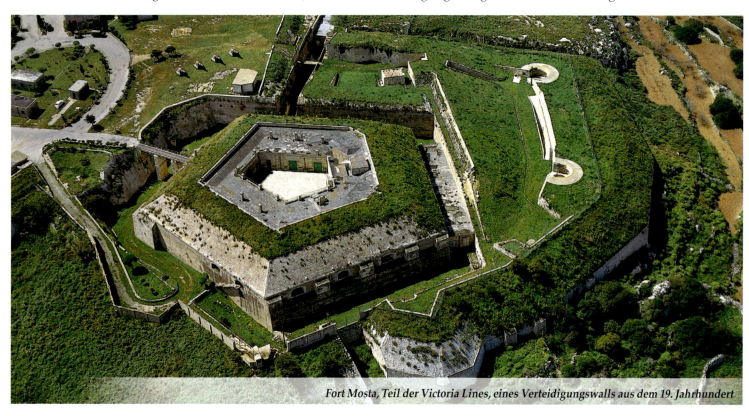

Fort Mosta, Teil der Victoria Lines, eines Verteidigungswalls aus dem 19. Jahrhundert

Das eindrucksvolle Innere der Rundkirche von Mosta aus dem 19. Jahrhundert

Gestalt aus der Karfreitagsprozession in Żejtun

Teilnehmer der Karfreitagsprozession in Żebbuġ

Eine der Statuen aus der Karfreitagsprozession in Paola

Karfreitagsprozession in Mosta

Lauf mit der Statue des Auferstandenen in Bormla

Abendmahlsausstellung in Valletta

Karwoche

Die Malteser sind in ihrer überwiegenden Zahl katholisch. Daher gibt es natürlich im Verlauf des Jahres eine Reihe religiöser Feste. Dazu gehört insbesondere die Karwoche, in der des Leidens und der Auferstehung Christi gedacht wird. In der Zeit vor der Karwoche bereiten sich verschiedene Organisationen, Vereine und Einzelpersonen auf die Prozessionen und anderen Aktivitäten vor. In Fluren, Garagen und in den kleinen Dorfkirchen werden Passionsdarstellungen aufgebaut. Dazu gehören auch Nachstellungen des Letzten Abendmahls und es gibt inzwischen viele weitere neue und kreative Ausstellungen.

Manche Pfarrkirchen organisieren die feierliche Prozession mit einer Reihe von Statuen, die Stationen des Kreuzwegs Christi darstellen. Diese Prozessionen sind barocke Manifestationen, wie sie typisch für die Inseln sind. Die Zahl der Teilnehmer, Helfer hinter der Szene und Besucher, die sich diese Darstellungen anschauen, zeigt deutlich, dass sie bei Einheimischen wie Gästen noch immer sehr beliebt sind. Der Höhepunkt dieser Feiern wird am Sonntagmorgen erreicht, wenn die Kirche die Auferstehung Christi feiert. Am Ende der Messe finden in manchen Ortschaften Prozessionen mit der Statue des Auferstandenen Heilands statt. Mancherorts werden die Statuen nicht einfach durch die Straßen getragen, sondern die Träger laufen eine gewisse Strecke mit der Statue, um Christi Sieg über den Tod zu feiern. Und die Kinder halten bei diesen Prozessionen ihre *figolla [oben, neben der Überschrift]* in die Höhe, ein für diese Zeit typisches Backwerk, damit es den Segen der Statue abbekommt.

Die barocke Karfreitagsprozession im Einklang mit der barocken Fassade der Pfarrkriche von Naxxar

Marsaxlokk und Marsascala

Marsaxlokk, eine der größten Buchten in Malta, ist von einer Reihe von Dörfern umgeben. Besonders typisch ist das mit dem Namen der Bucht, Marsaxlokk. Ein Besuch in dem größten Fischerdorf Maltas ist immer ein Erlebnis, gleich zu welcher Tageszeit. Unter der Woche gibt es hier einen kleinen Flohmarkt, wo allerlei maltesische Produkte verkauft werden. Man kann geruhsam den Kai entlang spazieren und die Aussicht genießen, oder den Fischern dabei zusehen, wie sie ihre Netze flicken oder alles für eine Fangfahrt vorbereiten. Sonntagsmorgens verwandelt sich die ganze Ortschaft in einen Marktplatz. Neben den üblichen Marktständen gibt es dann auch noch viele Fischverkäufer, bei denen man ganz frische Ware bekommt. Das Ganze ist sehr reizvoll anzusehen. Die vielen Touristen und Einheimischen, die sonntags hierher strömen, beleben dieses Dorf ungemein und machen es einen Besuch wert.

An fast jedem der bunten Fischerboote findet man das Osiris-Auge als Talisman und Glücksbringer. Diese Tradition geht vielleicht in die Zeit der Phönizier zurück, die hier in der Nähe eine bedeutende Niederlassung gehabt haben müssen. Die nahe gelegene archäologische Fundstätte Tas-Silġ ist tatsächlich von großer Bedeutung, aber nicht für die Öffentlichkeit zugänglich, weil dort noch Ausgrabungen stattfinden. Die frommen Leute von Marsaxlokk haben auch eine Statue des hl. Andreas aufgestellt, des Schutzpatrons der Fischer. Diese Statue überwacht gewissermaßen das Tun im Hafen, genau wie die Statue Unserer Lieben Frau in einem *luzzu* (dem maltesischen Fischerboot), die man an der Fassade der Pfarrkirche sehen kann. Das Fort St. Lucian auf der Anhöhe des mittleren Vorgebirges der Bucht, das einmal zum Schutz der Dorfbewohner gebaut wurde, gehört heute zum Fischereiministerium und dort wird Fischzucht erforscht, ein bedeutender Wirtschaftszweig für Malta.

Marsascala ist ein weiteres kleines Fischerdorf, das zu einem Tourismuszentrum entwickelt wurde. Am Abend gehen die Leute dort gern den Kai entlang spazieren. Das Dorf ist besonders beliebt im Winter, wenn es nicht so hektisch zugeht. Man kann in der Umgebung schöne Spaziergänge machen und die Aussicht aufs Meer genießen. Der einzigartige Mamo Turm, ein befestigter Familienwohnsitz aus dem siebzehnten Jahrhundert über der benachbarten St. Thomas Bucht, ist einen Besuch wert.

Vorbereitung von Booten und Netzen zum Fischfang, Marsaxlokk

*Links: Die idyllische
Bucht von Marsascala.*

*Unten links und rechts: Ausnehmen
von Fischen für die Kunden beim
sonntäglichen Fischmarkt in
Marsaxlokk und das Angebot
an frisch gefangenem Fisch.*

*Unten: Der St. Thomas Turm, eine
Verteidigungsanlage aus dem
17. Jahrhundert, Marsascala.*

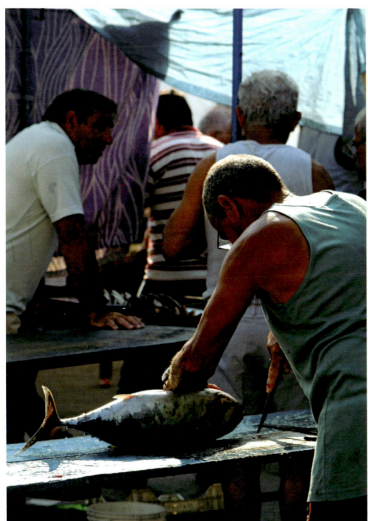

Wied iż-Żurrieq

An der Südwestküste erwartet einen ein anderes Bild. Die Kliffe sind höher und das Meer ist tiefer und von tiefblauer Farbe. Die Kliffe weisen eine Reihe von Höhlen auf, die über Jahrtausende von den Wogen des Meeres ausgewaschen wurden. Eines der typischen Dörfer für dieses Gebiet ist Żurrieq, wo man Bauwerke aus dem Altertum und Kirchen finden kann, die wahre architektonische Schmuckstücke sind. Die kleinen Kirchen sind alle reizvoll, besonders die unlängst restaurierten. Die Pfarrkirche ist ein bedeutender Sakralbau, dessen Besuch sich lohnt. Unter den Kunstschätzen dort findet man ein Reihe guter Gemälde des italienischen Barockmeisters Mattia Preti.

Sehenswert ist auch die Windmühle aus dem achtzehnten Jahrhundert, die vor kurzem restauriert wurde und die man nach Vereinbarung mit der Gemeindeverwaltung besichtigen kann. Während der Restaurierungsarbeiten stieß man auf einen Komplex von Katakomben eines frühchristlichen Friedhofs.

Nicht weit von dem Dorf entfernt liegt Wied iż-Żurrieq, eine typisch mediterrane schmale Bucht, die als Ausgangspunkt für kurze Bootsausflüge zur berühmten Blauen Grotte und anderen Höhlen in der Nähe bekannt ist. Unterwegs kann man die herrliche Szenerie und das Spiel des Lichts auf den Korallen in den Höhlen bewundern. Weiter draußen im Meer liegt das Inselchen Filfla, auf dem es früher eine kleine Höhlenkirche gab, die Fischer als Votivgabe erbaut hatten. In den fünfziger Jahren des letzten Jahrhunderts diente die Insel der britischen Marine als Ziel für Schießübungen, und jetzt ist sie ein Naturschutzgebiet. Ein Stück weiter westlich an der Küste liegt Għar Lapsi, eine ähnliche kleine Bucht, die bei vielen Maltesern als Platz zum Baden beliebt ist. Die große Höhle am Wasser, die typisch für das Mittelmeer ist, bietet Schutz vor der Sommersonne, und das Wasser ist hier ganz besonders klar und einladend.

In Wied iż-Żurrieq und Għar Lapsi findet man gute Fischrestaurants.

Das tiefblaue Wasser in Wied iż-Żurrieq mit Booten und Schwimmern

Links: Der Tourismus
ist ein bedeutender
Wirtschaftsfaktor für Malta.
Läden in Wied iż-Żurrieq.

Oben: In dem klaren Wasser
macht das Tauchen Spaß.

Unten: Il-Ħnejja - der
Felsbogen über der
Einfahrt zur berühmten
Blauen Grotte.

Sliema und St. Julians

Sliema und St. Julians sind heute als Wohngebiete ganz besonders beliebt. Die Gegend war bis zur Mitte des neunzehnten Jahrhunderts praktisch menschenleer, lockte dann aber langsam Leute an, die der Betriebsamkeit Vallettas und des Hafenbereichs entfliehen wollten. Die Briten fanden hier reichlich Brachland und begannen, Kasernen und andere Bauten für ihre Truppen und später auch für die Familien zu errichten. Mit der Zahl der dort einquartierten britischen Soldaten wuchs auch die Zahl der Malteser, die sich dorthin gezogen fühlten, und so kam es zu einer raschen Entwicklung.

In diesem Gebiet gibt es eine Reihe interessanter Festungsanlagen. Das wehrhafte Fort Tignè verschwindet gerade hinter einem neuen Häusermeer, doch sollten die Charakteristika einer Verteidigungsanlage aus dem achtzehnten Jahrhundert erhalten bleiben. Die Sliema Point Batterie, eine andere kleine Befestigung aus dem neunzehnten Jahrhundert, ist ein ins Auge fallender Bau im neugotischen Stil und dient als Restaurant. Der kleine Turm aus dem siebzehnten Jahrhundert gehört seit seinem Bau zum Straßenbild der Tower Road.

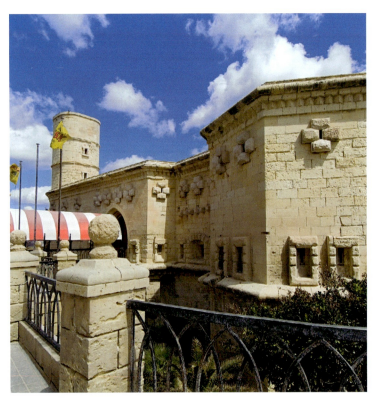

Oben: Il-Fortizza, eine britische Küstenbastion, jetzt ein Restaurant

Andere Festungsanlagen sind in den sich ständig ausbreitenden Bauwerken in dem Gebiet aufgegangen.

Bestimmte interessante bauliche Charakteristika haben mit dem Geschmack des neunzehnten Jahrhunderts zu tun. Es gibt Kirchen und eindrucksvolle Gebäude. Neben den Kasernenbauten, die dem Gebiet eine eigene Note gegeben haben, gibt es auch palastartige Bauwerke wie die Balluta Mansions *[Detail oben]* oder die Villa Rosa. Um die Wende des zwanzigsten Jahrhunderts begannen wohlhabende maltesische Familien entlang der Küste von Sliema und St. Julians Sommerhäuser zu errichten. Dies waren meist zweistöckige Häuser zum Meer hin, damit die Besitzer abends auf der Promenade spazieren gehen konnten. Diese idyllische Lebensform änderte sich mit dem Zweiten Weltkrieg. Manche Familien wohnten nun das ganze Jahr über in ihren Sommerhäusern, weil sie als recht sicher vor Luftangriffen galten, und viele andere Familien wurden hier einquartiert. Die Bevölkerungszahl stieg dramatisch und nahm auch am Ende des Krieges nicht ab. Als dann in den späten fünfziger Jahren der Tourismus einsetzte, begann in beiden Städten eine unaufhaltsame Entwicklung, die auch heute noch weitergeht.

Die ersten Hotels der sechziger Jahre entstanden hier. Aus den Landsitzen wurden Hochhäuser, moderne Geschäfte und andere Einrichtungen, die zum Tourismusgewerbe gehören. Man kann das alles gut sehen, wenn man entweder am Morgen oder am Abend durch die Städte spaziert. Am Vormittag bieten die Geschäfte, die alle großen internationalen Marken vertreten, ihre Waren feil, während abends alles auf Unterhaltung abgestellt ist. Das beliebteste Vergnügungsviertel ist Paceville.

Man kann hier kleine Gaststätten finden, wo noch etwas vom Geist der alten Dorflokale lebendig ist, aber auch raffinierte Restaurants für verwöhnte Gaumen. Es gibt alle Arten von Kneipen, Gaststätten, Restaurants und Schnellgaststätten mit einem reichen Angebot an Gastronomie und Unterhaltung. Hier treffen sich Malteser und Touristen und man sieht die neusten architektonischen Schöpfungen. Es gibt einen kleinen Jachthafen, der von dem ersten richtigen Hochhaus in Malta überragt wird, moderne Kirchen mit Ecken zum stillen Gebet, Hotels und die allerneusten Unterhaltungsangebote.

Von Sliema aus kann man Hafenrundfahrten unternehmen, mit der Fähre nach Valletta übersetzen oder Bootsfahrten rund um Malta machen, bei denen in der Blauen Lagune von Comino eine Pause zum Mittagessen eingelegt wird und wo man im wunderschönen klaren Wasser schwimmen kann. Auch die Küste lädt zum Schwimmen ein.

Oben: Sonnenuntergang in der Balluta Bucht

Rechts: Einer der 13 von Großmeister de Redin erbauten Küstenwachtürme

Oben: Promenade der Spinola Bucht

Links: Moderne Häuserblocks am Meer in Sliema mit Independence Gardens

Oben: Portomaso - Jachthafen und Umgebung

Rechts: Paceville - ein Mekka zum Einkaufen und fürs Nachtleben

Architektur

Die Maltesischen Inseln sind ein architektonisches Paradies. All die verschiedenen Mächte, welche das Land im Verlauf der letzten 7 000 Jahre besetzten, haben irgendwie ihre Spuren hinterlassen. An erster Stelle sind hier sicher die prähistorischen Tempel zu nennen, die man als die ältesten freistehenden Bauwerke in der Welt bezeichnet hat. Man muss die Technik dieser prähistorischen Baumeister bewundern, die ohne geeignete Geräte derart eindrucksvolle Bauten schufen. Die chronologisch nächsten Bauwerke gehen in die Zeit der Römer zurück. Aus dieser Zeit stammen die Domus in Rabat und die römischen Bäder im Gebiet von Mġarr.

Mittelalterliche Architektur kann man vor allem in Mdina sehen oder in den alten Dorfzentren, von denen es noch viele gibt. Die kleinen Häuser sind verschwunden, aber die eindrucksvollen Paläste der wohlhabenden und adligen Familien stehen noch. Einige davon kamen in späteren Jahrhunderten dazu, aber ihre Architektur blieb wenigstens erhalten. Typisch für diese Zeit sind zweigeteilte Fenster und Spitzbögen. Ähnliches kann man auch in Birgu sehen, besonders im Palast des Inquisitors. Auch einige Kirchen aus dieser Zeit haben überlebt, wenn sie auch nicht gerade besonders eindrucksvoll sind. Die Barockzeit muss sicher als das Goldene Zeitalter Maltas gelten. Im sechzehnten Jahrhundert baute der Johanniterorden die Stadt Valletta und verlegte sein Hauptquartier dorthin. Die Ritter errichteten Paläste und bauten ständig weiter. Ausländische Architekten wurden nach Malta eingeladen und planten zusammen mit einheimischen Baumeistern Bauwerke wie die Auberge de Castille in Valletta (von dem Architekten Andrea Belli), die Kathedrale von Mdina (von dem Architekten Lorenzo Gafa') und viele andere Paläste auf den Inseln. Gleichzeitig mit diesen öffentlichen Gebäuden entstand auch das ganze Befestigungssystem des Landes. Rund um Ballungsgebiete um Valletta herum sowie an den Küsten entstanden allerlei Verteidigungsanlangen, von denen die meisten noch heute zu sehen sind.

Die Briten führten dann den neoklassischen und neugotischen Baustil ein, der ihrem Geschmack entsprach. Auch dafür kann man noch Beispiele in Malta finden. Neugotische Stilelemente finden sich besonders in Kirchbauten und auf dem Friedhof in Marsa.

Die drei prähistorischen Tempel von Mnajdra, Qrendi

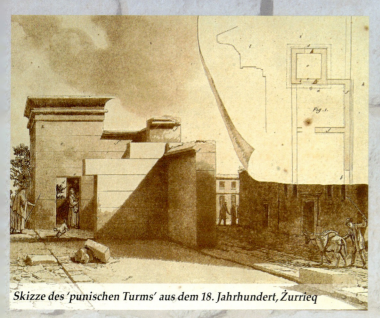

Skizze des 'punischen Turms' aus dem 18. Jahrhundert, Żurrieq

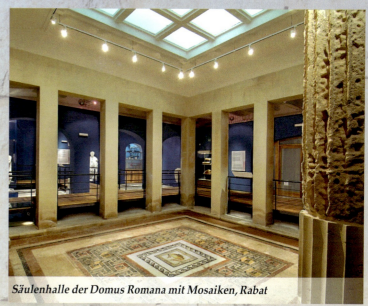

Säulenhalle der Domus Romana mit Mosaiken, Rabat

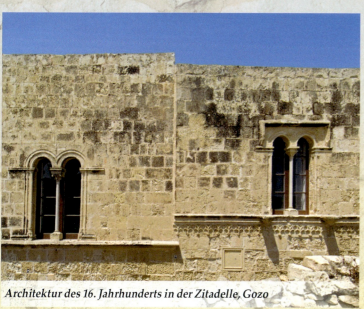

Architektur des 16. Jahrhunderts in der Zitadelle, Gozo

Auberge de Castille, ein Barockbau aus dem 18. Jahrhundert, Valletta

Balluta Buildings aus dem 19. Jahrhundert in St. Julians

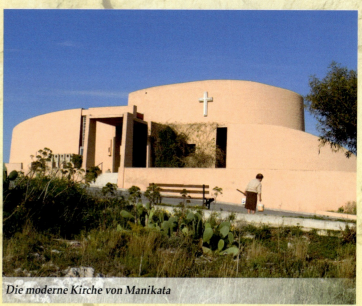

Die moderne Kirche von Manikata

Oben und links: Das direkt auf den Felsen gemalte Bild der Madonna soll der Tradition nach vom hl. Lukas stammen, dem Begleiter des hl. Paulus bei seinen Reisen. Das Bild wird in der Höhlenkirche in Mellieħa verehrt.

Oben: Seit dem Mittelalter erhielt das Heiligtum Votivgaben, von denen einige im angeschlossenen Museum zu sehen sind.

Rechts: Die Pfarrkirche von Mellieħa, die Mariä Geburt geweiht ist und Ende des 19. Jahrhunderts entstand

Oben: Die Bucht von Mellieħa, einer der beliebtesten Sandstrände der Insel

Links: Den Drehort für den Hollywood-Film Popeye, *mit dem bekannten Schauspieler Robin Williams in der Hauptrolle, kann man immer noch besuchen.*

Mellieħa

Der Norden Maltas ist gekennzeichnet durch kleine Dörfer, in denen man alle modernen Einrichtungen findet, die aber von reizvoller Natur zu Land und zu Meer umgeben sind und sich dadurch von den übrigen Dörfern der Insel unterscheiden. Mellieħa ist eines der älteren Dörfer, obwohl es wegen der ständigen Piratenüberfälle praktisch Jahrhunderte lang verlassen war. Die Pfarrkirche ist eindrucksvoll, aber es gibt in den Felsen darunter versteckt ein älteres Heiligtum. Dieses berühmte Mellieħa Sanctuary, das der Madonna im Himmel geweiht ist, wurde zum Teil in den Felsen gehauen und später erweitert. Es ist seit Jahrhunderten einer der bedeutendsten Marienschreine Maltas.

Das Heiligtum ist auch wegen eines direkt auf den Felsen gemalten Bildes berühmt, das der Tradition nach dem hl. Evangelisten Lukas zugesprochen wird, dem Begleiter des hl. Paulus bei seinem Schiffbruch auf der Insel um das Jahr 60 n. Chr. Es finden zahlreiche Pilgerfahrten zu dieser Kirche statt. In den kleinen Räumen hinter der Kirche kann man viele Votivgaben sehen, die den Glauben der Menschen bezeugen, dass ihnen in bestimmten Situationen ihres Lebens göttliche Hilfe zuteil wurde. Auf den Bildern sind z.B. Rettung von Schiffbrüchen, Piratenüberfällen, gefährlichen Stürzen und Krankheiten dargestellt. Es gibt auch zeitgenössische Votivbilder für Unfälle und Krankheiten. Auch die Lage des Heiligtums ist beeindruckend. Direkt daneben ist der Eingang zu Luftschutzstollen aus dem Zweiten Weltkrieg, die Schutz gegen Luftangriffe boten. Man kann sie besuchen und sich ein Bild davon machen, wie die Leute damals stunden- und auch tagelang dort ausharrten.

Die Gegend um Mellieħa ist im Sommer und im Winter recht interessant. Man kann hier schöne Spaziergänge auf dem Land und am Meer unternehmen. Und es gibt auch ein paar Sehenswürdigkeiten: der Rote Turm aus dem siebzehnten Jahrhundert, oder der St. Agatha Turm über der Bucht von Mellieħa, und der Selmun Palast, der im achtzehnten Jahrhundert von einer Stiftung gebaut wurde, die ihr Vermögen dazu benutzte, von Muslimen als Sklaven gefangen gehaltene Christen freizukaufen..

Die Bucht von Mellieħa mit dem größten Sandstrand Maltas ist bei Maltesern und Touristen gleichermaßen beliebt. Man kann dort nicht nur schwimmen und Wassersport treiben, sondern auch ein sehr interessantes kleines Naturschutzgebiet besuchen, das ganzjährig geöffnet ist.

Die Bucht von Mellieħa, mit der Ortschaft im Hintergrund

Mgarr

Auf der anderen Seite der Insel liegt das kleine Bauerndorf Mġarr mit seiner charakteristischen ovalen Kirche. Das Dorf ist besonders wegen seiner prähistorischen Überreste bekannt. Dazu gehört die Anlage von Skorba [oben, neben der Überschrift: Keramiktopf aus der Roten Skorba Phase in Mġarr], die als das älteste Dorf in Malta gilt und etwa 7 000 Jahre alt ist. Dieser Ort wurde wiederholt besiedelt und es gab schließlich dort zwei megalithische Tempel. Die andere prähistorische Stätte, Ta' Ħaġrat, verfügt über den eindrucksvolleren Tempel. Beide Stätten werden von Heritage Malta verwaltet und es empfiehlt sich, sich dort vorher anzumelden, wenn man sie besuchen möchte. In der Nähe befindet sich auch die Badeanlage aus der Römerzeit, die gerade renoviert wird. Es gibt dort schöne Mosaikfußböden, die den gesellschaftlichen Status der Besitzer widerspiegeln.

Man findet in dieser Gegend eine Reihe landschaftlich reizvoller Buchten zum Schwimmen, wie Ġnejna Bay, Golden Bay und Ghajn Tuffieha Bay. Alle drei sind sehr beliebt und bieten auch Wassersportmöglichkeiten. Man kann hier sehr schöne Wanderungen unternehmen und dabei die Küstenlandschaft mit steilen Kliffen, verschiedene kleine historische und prähistorische Überreste sowie die typischen Bauernhäuser und bestellten Felder erleben.

Es gibt hier auch kleine Restaurants, wo man gut und reichlich typisch maltesische Gerichte speisen kann.

Die Pfarrkirche von Mġarr beherrscht die Landschaft

Links: Die prähistorischen Tempel von Skorba, wo man Spuren der ersten Menschen auf der Insel fand.

Links: Der mächtige Trilithon-Eingang des prähistorischen Tempels Ta Ħaġrat.

Rechts: Kleines Kalksteinmodell eines Bauwerks, gefunden in Ta Ħaġrat.

Unten: Ruinen einer römischen Badanlage, der größten, die man in Malta entdeckt hat.

Oben und rechts: Die Paradiesbucht ist wegen ihrer Abgelegenheit, wegen des klaren blauen Wassers und wegen des Sandstrands sehr beliebt.

Oben: Die Armier Bucht, wo man unter Palmen direkt am Meer mit einem Buch entspannen kann .

Links: Die Ġnejna Bucht mit ihrem klaren Wasser.

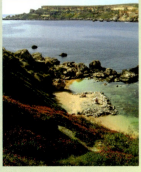

Oben: Għajn Tuffieħa - eine der typischen Buchten im Nordwesten Maltas.

Rechts: Die Golden Bay, mit einem schönen breiten Sandstrand zum Entspannen.

Essen und Trinken in Malta

Die Geschichte der maltesischen Inseln hat auch eine abwechslungsreiche Küche hervorgebracht. Die Honigproduktion bildete schon immer einen Bestandteil der maltesischen Landwirtschaft. Das wurde sogar schon in römischer Zeit erwähnt, als man spekulierte, dass der Name Malta von 'mel' komme, was Honig bedeutet. Verschiedene klassische Schriftsteller erwähnten den guten maltesischen Honig. Auch heute noch wird Honig produziert und man sollte unbedingt ein Glas oder zwei davon nach Hause mitnehmen.

Die maltesische Gastronomie ist natürlich mediterran geprägt, obwohl in den letzten Jahrhunderten verschiedene andere Einflüsse dazu kamen. Kanincheneintopf gilt als eine der großen Delikatessen, die man in Malta nicht verpassen sollte. Früher wurden Kaninchen gejagt, heute aber gezüchtet. Kaninchenfleisch gilt als besonders gesund.

In Malta muss man natürlich auch unbedingt ein Fischrestaurant besuchen. Es gibt viele davon, was ein Zeichen für den guten Standard und ihre Beliebtheit ist. Der Fisch auf der Speisekarte ändert sich je nach Wetter und Jahreszeit. Besonders zu empfehlen sind *lampuki* (Goldmakrelen), *Thunfisch,* sowie *ċerna* (Zackenbarsch) und *dentiċi* (Zahnbrasse).

Beim Besuch eines typisch maltesischen Restaurants sollte man unbedingt das köstliche maltesische Brot kosten. Es schmeckt besonders gut mit Olivenöl und Tomatenpüree bestrichen und mit Oliven, Kapern und Kräutern darauf. Natürlich sollte man dazu ein Glas maltesischen Wein trinken. Das essen die Malteser ganz besonders gern, besonders wenn sie nahe am Meer sind. Sie können auch ein paar maltesische *ġbejniet* dazu essen, das sind Käschen aus Ziegen- oder Schafsmilch. Es gibt verschiedene Sorten davon, und alle schmecken köstlich.

Auch an Süßigkeiten fehlt es in Malta nicht. Nougat kann man in jeder Ortschaft bei einer Festa kaufen. Es gibt auch Honigringe, die hervorragend schmecken, besonders wenn sie mit maltesischem Honig hergestellt wurden. Wenn Sie aber etwas zu ihrem Kaffee oder Tee knabbern möchten, sollten Sie unbedingt *pastizzi* probieren. Sie bestehen aus Blätterteig, der mit Rikotta oder Erbsenpüree gefüllt ist, und werden warm gegessen.

Maltesische Weine haben in letzter Zeit große Fortschritte gemacht. Wein gehörte immer zu den Merkmalen der mediterranen Kultur. Die maltesischen Weine sind schmackhaft und man findet alle möglichen Geschmacksrichtungen. Nicht wenige davon haben Auszeichnungen erhalten.

Restaurants an der Spinola Bucht

a. Kappar
b. Zalzett
c. Bigilla
d. Ful
e. Ġbejniet tal-bżar

f. Tadam imqadded
g. Ravjul
h. Ġbejniet friski
i. Żebbuġ
j. Tadam ċatt

k. Bebbux
l. Patata l-forn
m. Galletti
n. Melħ mill-oħxon
o. Ħobż biż-żejt
p. Inbid
q. Ħobża
r. Żejt taż-żebbuġa

Maltesische Spezialitäten

Qubbajt, *maltesischer
Nougat*

Karamelli tal-ħarrub, *Bonbons
aus Johannisbrot-Sirup*

Ġbejniet friski, *frischer
Ziegenkäse*

Qassata, *traditionelles
maltesisches Gebäck*

Qaghqa ta' għasel, *Honigring*

*Oben: Kaninchenbraten mit Knoblauch und Kräutern gilt
als maltesisches Nationalgericht, bekannt als* fenkata.

Ħalib bl-għasel, *Milch mit Honig*

Bajtar tax-xewk, *Kakteenfrüchte*

Pastizzi gibt es mit zwei Füllungen, Käse (links) oder Erbsen (rechts)

Timpana, mit Teig überbackene Makkaroni

Hobża, maltesisches Brot

Oben: Fisch und Meeresfrüchte auf dem Markt in Marsaxlokk. Im Vordergrund die in Malta als lampuka *bekannte Große Goldmakrele*

Links: Es gibt immer mehr guten Wein in Malta Unten: Kinnie, Maltas bitter-süße Limonade

In Malta angebaute Gemüsesorten

Weinlese

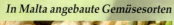

Fischer- und Sportboote vor Anker im Hafen von St. Paul's Bay

St. Paul's Bay

St. Paul's Bay trägt seinen Namen, weil der Schiffbruch des hl. Paulus um das Jahr 60 n. Chr. der Tradition nach vor der kleinen Insel am Eingang zu dieser Bucht erfolgte. Mitte des neunzehnten Jahrhunderts wurde eine massive Steinstatue des Heiligen errichtet, um alle an dieses große Ereignis zu erinnern. Diese Bucht wurde auf einer Seite sehr intensiv bebaut und hat sich zu einem beliebten Tourismusgebiet mit vielen Hotels, Restaurants und allen Arten von Unterhaltungsangeboten entwickelt. Das Gebiet ist auch bei den Maltesern beliebt, von denen viele jetzt das ganze Jahr über dort wohnen, während noch viel mehr hier die Sommermonate verbringen.

Da die große Bucht im Laufe der Geschichte verteidigt werden musste, findet man schon im Mittelalter Hinweise darauf im Zusammenhang mit Wachtdiensten. Aber erst im 17. Jahrhundert wurde der erste ständige Wachturm errichtet, nämlich der Wignacourt Turm, für dessen Kosten der französische Großmeister Alof de Wignacourt aufkam. Man kann diesen Turm die ganze Woche über besuchen. Später kamen weitere Befestigungsanlagen an dieser Bucht dazu. Da die Gegend recht weit von Valletta entfernt ist, blieb sie lange dünn besiedelt und nur Bauern und Fischer kamen hierher. Erst in der zweiten Hälfte des 19. Jahrhunderts wuchs die Bevölkerung, besonders als es mehr öffentliche Verkehrsmittel gab. Damals wurden eine Reihe von Häusern gebaut, vor allem als Sommerwohnungen. Es gibt nur wenige Kirchen in der Ortschaft, obwohl eine davon, die dem Schiffbruch des hl. Paulus geweiht ist, aus dem Mittelalter stammt. Als die Bevölkerung immer mehr zunahm, wurde das Dorf zu einer selbständigen Pfarrei und man baute eine größere Pfarrkirche.

Seit den 1960er Jahren wurde das Dorf dann zu einem der ersten Gebiete in Malta, die man als Tourismuszentren entwickelte. Es entstanden Hotels, Pensionen, Restaurants und andere Tourismuseinrichtungen. Noch heute ist es ein hochentwickeltes Tourismuszentrum. Man kann an vielen Stellen der Küste sehr gut schwimmen, während im Winter die umliegende Landschaft zu Spaziergängen einlädt.

Oben: Küstenbefestigung aus dem 18. Jahrhundert, heute ein Restaurant.

Rechts: Hinter den massiven Mauern dieses Wachturms aus dem 17. Jahrhundert befindet sich jetzt ein Museum über das militärische Leben der damaligen Zeit.

Der Hauptfußgängerbereich von Buġibba

Buġibba und Qawra

Eine der St. Paul's Bay benachbarten Buchten ist die Salina Bucht, benannt nach den Salzpfannen, welche die Johanniterritter hier bauten und die jetzt nicht mehr benutzt werden. In römischer Zeit war diese Bucht von großer Bedeutung, da sie viel tiefer ins Land reichte und einen geschützten Hafen bot. Hier muss auch eine kleine Gemeinde gewohnt haben, da es in einem Feld nahe der Küste mehrere kleine Katakomben und andere römische Überreste in der Nähe gibt. Besiedelt war dieses Gebiet jedoch schon viel früher, da man Spuren von wenigstens zwei prähistorischen Tempeln gefunden hat. Einer davon, der so genannte Buġibba Tempel, liegt heute auf dem Gelände eines großen Hotels. Sein Grundriss entspricht dem aller anderen Tempel, wobei jedoch auf einem der Steine Fische zu sehen sind, was darauf hindeutet, dass auch die prähistorischen Bewohner Maltas Fischfang betrieben. Diesen einzigartigen Stein *[oben, neben der Überschrift]* kann man jetzt im Archäologischen Nationalmuseum in Valletta sehen.

Zu den anderen archäologisch interessanten Funden in dieser Gegend gehört eine Gruppe von frühchristlichen Hypogäen. Diese Grabkammern wurden aus dem gewachsenen Felsen gehauen und einige sind kunstvoll verziert.

Da dieses Gebiet recht weit weg war von Mdina und Valletta, war es notwendig, Wachposten zu organisieren. Im Mittelalter mussten die Männer in bestimmten Gebieten Maltas regelmäßig Wachdienste leisten. Im 17. Jahrhundert wurde die erste Küstenbefestigung in diesem Gebiet errichtet, die jetzt als Restaurant dient. Entlang dieser Küste wurde im 18. Jahrhundert auch eine Schanze zum Schutz der Soldaten bei einem Angriff gebaut.

Diese Gegend ist bei maltesischen Familien sehr beliebt, weil man hier sehr schön an der Küste entlang spazieren gehen oder mit den Kindern auf den umliegenden Wiesen spielen kann. Die vielen Restaurants und anderen Einrichtungen für Touristen in St. Paul's Bay sind auch nicht weit entfernt.

Oben: Der innere Teil der Salina Bucht mit den Salzpfannen aus dem 16. Jahrhundert.

Rechts: Ruinen des prähistorischen Buġibba Tempels auf dem Gelände eines Hotels.

Die alte Pfarrkirche von Birkirkara

Die größeren Dörfer

Viele Dörfer Maltas sind einen eigenen Besuch wert. Am besten eignet sich dazu die Zeit des Kirchweihfestes, weil sich dann das Dorf, die Pfarrgemeinde und die Dorfbewohner im Festtagsgewand zeigen. Sogar die Kirchen zeigen sich dann von ihrer schönsten Seite.

Birkirkara ist die größte Gemeinde in Malta und ihre Ursprünge gehen ins Mittelalter zurück. Heute ist sie in alle Richtungen gewachsen, aber der alte Dorfkern wird so noch interessanter, weil man durch die vielen Straßen mit Neubauten gehen muss, um dorthin zu gelangen. In der Nähe der Busendhaltestelle liegt der alte Bahnhof, der in eine Parkanlage verwandelt wurde. Man kann einen der alten Waggons und sogar das Bahnhofsgebäude mit unterschiedlichen Fahrkartenschaltern für verschiedene Klassen sehen. Am anderen Ende des Parks steht die alte Marienpfarrkirche. Diese Kirche wurde restauriert und ihre Fassade, die von dem maltesischen Architekten Tommaso Dingli stammt, gehört zu den schönsten Beispielen aus dem frühen siebzehnten Jahrhundert. Die heutige Pfarrkirche, die

der hl. Helena geweiht ist, bietet ein ganz anderes Bild. Sie ist das Werk Domenico Cachias, eines anderen maltesischen Architekten, und entstand im 18. Jahrhundert im Barockstil. Ihre kunstvolle Innenausstattung spiegelt den Wohlstand der Leute wider. Zu der Kirche gehört auch ein kleines Museum. In der Nähe gibt es noch andere Kirchen, die hier ebenfalls von Bedeutung sind. Eine liegt direkt hinter der Pfarrkirche und ist der Madonna Tal-Ħerba (der Ruinen) geweiht. Ihre Innenausstattung und das kleine Museum mit Votivgaben sind interessant.

In der Nähe von Birkirkara liegen die sogenannten **Drei Dörfer** *Attard*, *Balzan und Lija*. Es sind sehr beliebte Wohngebiete, was sich im Anwachsen ihrer Einwohnerzahl niedergeschlagen hat. Wenn man durch die Zentren der drei Dörfer spaziert, hat man den Eindruck, es handle sich um eine Ansammlung von Villen oder Landsitzen um die zentral gelegene Kirche herum, zu denen dann später kleinere Häuser dazukamen. Einige der Palazzi atmen noch etwas von ihrer alten Pracht, auch wenn man sich wegen

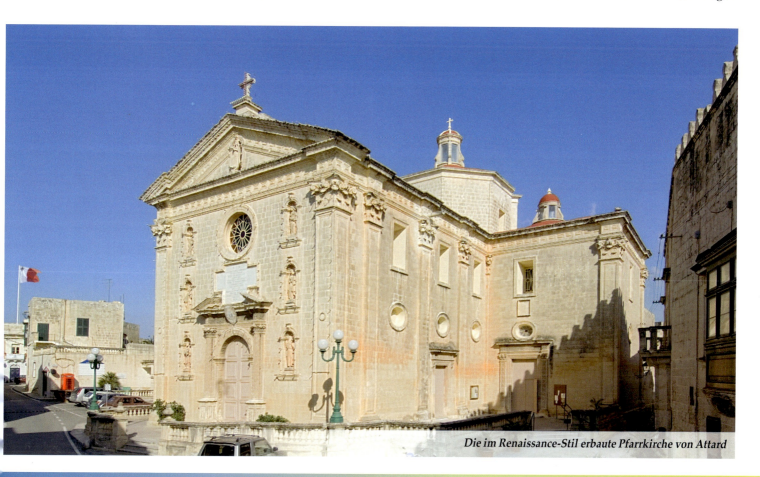

Die im Renaissance-Stil erbaute Pfarrkirche von Attard

Pfarrkirche von Balzan

Garten-Belvedere aus dem 19. Jahrhundert, Lija

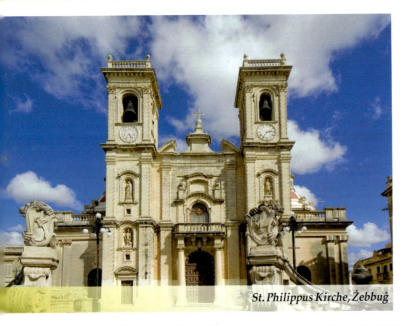

St. Philippus Kirche, Żebbuġ

des modernen Verkehrs nur schwer die Zeit vorstellen kann, als hier Pferdekutschen das Bild bestimmten. Man sollte hier spazieren gehen und sich von den baulichen Reizen überraschen lassen. Dazu gehört etwa die prächtig verzierte Fassade der Pfarrkirche von Attard. Man sollte sich auch Zeit nehmen für einen Besuch des San Anton Parks, der zum Präsidentenpalast gehört. Die ursprüngliche Villa wurde von dem zukünftigen Großmeister Antoine de Paule als Privatresidenz errichtet. Später wurde die Anlage durch weitere Gärten verschönert und wurde sogar eine der offiziellen Residenzen der Großmeister. Zur Zeit der Briten wohnten hier die Gouverneure und zuweilen auch Mitglieder der königlichen Familie, die zu Besuch kamen. Als Malta zur Republik erklärte wurde, begann der Präsident hier in seiner offiziellen Funktion zu wohnen. Der Palast hat viel von seiner ursprünglichen Pracht bewahrt, verfügt aber auch über alle modernen Einrichtungen.

Żebbuġ ist ein großes Dorf mit einer beachtlichen Bevölkerung, das sich aus einer Gruppe kleiner mittelalterlicher Ortschaften entwickelte. Man erkennt die alten Teile an den engen und gewundenen Straßen, während der neuere Teil breitere Straßen und größere Häuser aufweist. Der steinerne Triumphbogen am Rande des Dorfes wurde zur Erinnerung an die Erhebung des Dorfes zu einer Stadt durch Großmeister de Rohan errichtet, der ihr den Titel Città Rohan verlieh. Im älteren Teil gibt es eine Reihe kleiner Kirchen, während die Pfarrkirche selber ein architektonisches Juwel ist. Das Dorf ist bekannt für das Engagement der Bewohner bei der Feier der Karwoche, wozu auch viele kleine individuelle Ausstellungen gehören. Die drei Musikkapellen des Dorfes veranstalten große Ausstellungen, die viele Menschen anlocken. Wenn man durch die Straßen spaziert, fallen einem die Nischen zur Verzierung der Häuserecken und Fassaden auf. Sehr oft findet man Darstellungen des hl. Philippus, des Schutzheiligen der Pfarrei, aber auch Nischen mit dem hl. Rochus, dem Schutzheiligen während der Pest.

Das große Dorf **Qormi** ist immer mehr in die umliegenden Felder hinein gewachsen. Es geht ins Mittelalter zurück, wie auch die Pfarrkirche St. Georg. Der alte Teil ist ein authentisches mittelalterliches Labyrinth von Straßen, Gassen und kleinen Plätzen, die das Dorf sehr interessant machen. Fast überall findet man Bäckereien. Der Grund für die vielen Bäckereien hier ist, dass der Johanniterorden den Bau neuer Bäckerein hier angeordnet hatte, weil ihr Rauch die Insekten vertreiben sollte, von denen es in diesem Sumpfgebiet wimmelte. Qormi rühmt sich, beste maltesische Brot zu backen. Mitte des achtzehnten Jahrhunderts wurde auch dieses Dorf zur Stadt mit dem offiziellen Namen Città Pinto erhoben, zu Ehren des Großmeisters, der den Titel verliehen hatte. Als sich später ein Kult der Verehrung des hl. Sebastians entwickelte, eines weiteren Schutzheiligen gegen die Pest, entstand am Rande des Dorfes eine zweite Kirche. Dieses Gebiet wurde langsam immer größer und heute steht hier eine Kirche, die mit ihrer großen Kuppel und vier Glockentürmen alles überragt.

Żejtun liegt in der Nähe der Marsaxlokk Bucht, und hier wohnten früher vor allem Fischer. Es war nicht ratsam, direkt am Meer zu wohnen, weil man dort immer Gefahr lief, als Sklave verschleppt zu werden. Das kleine Dorf Żejtun bestand aus zwei unterschiedlichen Gebieten, einem, das um die der hl. Katharina von Alexandrien geweihte Kirche konzentriert war, und einem anderen weiter landeinwärts. Wegen der regelmäßigen Piratenüberfälle - einer der schlimmsten fand 1614 statt, als ein großer Teil des Dorfes verwüstet wurde - beschloss man im siebzehnten Jahrhundert, weiter landeinwärts eine neue Kirche zu bauen. Die alte Kirche aus dem sechzehnten Jahrhundert steht noch immer und lohnt einen Besuch. Żejtun ist ein sehr interessantes Dorf mit seiner prachtvollen, nach Plänen des maltesischen Architekten Lorenzo Gafà erbauten barocken Kirche, den engen und gewundenen Straßen, den verschiedenen palastartigen Landhäusern und einer Atmosphäre, die sich einem erst beim Durchwandern der Straßen erschließt. In der Nähe wurden archäologische Überreste gefunden, darunter die Ruinen eines römischen Bauernhofes, so dass man davon ausgehen kann, dass hier seit über zwei Jahrtausenden Landwirtschaft betrieben wird. Man findet hier, wie auf vielen anderen Dorfplätzen in Malta, die Polizeiwache, die Clubräume der politischen Parteien und der Musikkapellen im Zentrum des Dorfes. Auch Żejtun wurde im achtzehnten Jahrhundert in den Rang einer Stadt erhoben.

Żabbar galt ursprünglich als ein kleines Dorf in der Nähe des Hafens, in dem vorwiegend Bauern wohnten. Es zog im Laufe der Zeit mehr Bewohner an, die sich an einem der wichtigsten Marienschreine der Insel niederließen, welcher der Gnadenvollen Madonna geweiht ist. Ganz nahe bei dieser Kirche gibt es ein ansehnliches Kirchenmuseum, unter dessen Ausstellungsstücken man auch archäologische Fundstücke findet, die an frühere Bewohner der Insel erinnern. Es gibt auch liturgische Gewänder, Altarschmuck und Bilder, die in früheren Jahrhunderten in der Kirche hingen. Außerdem finden sich Votivgaben, vor allem Seebilder. Das Dorf und sein Heiligtum liegen nicht weit vom Großen Hafen, wo die Flotte des Ordens ihre Basis hatte.

Gudja ist ein kleines Dorf gegenüber dem modern internationalen Flughafen. Nahe am Flughafen gibt es eine mittelalterliche Kirche, die einmal eine der bedeutendsten Kirchen auf der Insel war, sowie einige prähistorische Überreste. Dieses historische Bauwerk wird von *Din L-Art Helwa* verwaltet, dem maltesischen Heritage Trust. Das Innere der Kirche ist schmucklos, aber ihre baulichen

Fortsetzung Seite 114

St. Georgs Kirche, Qormi

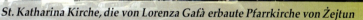

St. Katharina Kirche, die von Lorenza Gafà erbaute Pfarrkirche von Żejtun

Die barocke Pfarrkirche von Żabbar

*Oben: Gemeinderat und
Polizeiwache von Gudja.*

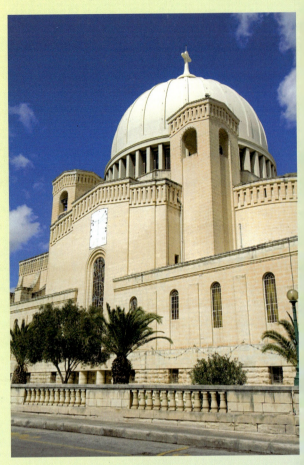

*Rechts: Die St. Sebastian
Pfarrkirche von Qormi
aus dem 20. Jahrhundert.*

*Links: Der San
Anton Park, Attard.*

Rechts: In einer Bäckerei in Qormi wird Brot auf traditionelle Weise gebacken.

Links: Sänfte aus dem 18. Jahrhundert im Żabbar Sanctuary Museum.

Unten: Statue des hl. Papstes Gregor des Großen nahe der alten Kirche von Żejtun.

Fortsetzung von Seite 111

Merkmale außen und innen sind hochinteressant. Der Dorfkern ist sehenswert, obwohl es ein ruhiges Dorf ist. Die reich geschmückte Pfarrkirche ist Mariä Himmelfahrt geweiht. Die Fassade hat drei Glockentürme, was einmalig ist für Malta. Der dritte Turm wurde angebaut, als ein Ausländer, der in dem Dorf wohnte, das Geld für den Bau stiftete. Am Rand des Dorfes steht ein palastartiger Bau, der von einer adligen Familie im achtzehnten Jahrhundert errichtet wurde, obwohl es hier offenbar schon immer ein Bauwerk gab. Er wurde von den britischen Flottenkommandeuren benutzt, als sie 1800 in Malta landeten, um den letzten Angriff zu planen, der die belagerten französischen Truppen Napoleons zur Kapitulation zwingen sollte.

Naxxar liegt auf einem Höhenzug und bietet einen schönen Blick auf die Küste und die umliegenden Dörfer. Dieses Dorf hatte immer eine günstige Lage, weil man Piratenüberfälle bei Zeiten bemerken und melden konnte. Das Gebiet scheint seit prähistorischer Zeit bewohnt gewesen zu sein. Auch die Befestigungen dort untermauern seine Bedeutung. Ein von einer Privatfamilie errichteter Turm wurde sofort kopiert und es entstand ganz in der Nähe ein zweiter, der vom Führer der lokalen Miliz benutzt wurde. Für Leute, die sich für militärische Verteidigungsanlagen interessieren, sind beide Türme besonders interessant. Nicht weit entfernt sind Befestigungen aus dem achtzehnten und neunzehnten Jahrhundert zu sehen. Sie gehören zu einem

Pfarrkirche St. Maria, Gudja

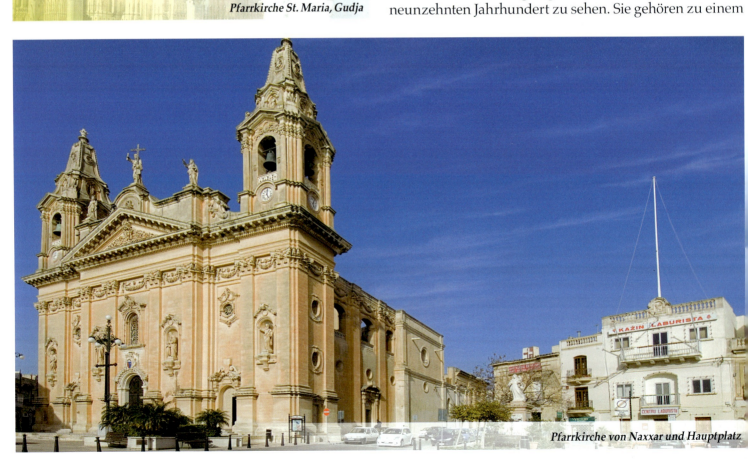

Pfarrkirche von Naxxar und Hauptplatz

Verteidigungswall, der dem natürlichen Geländeabbruch folgt und der die dort stationierte Infanterie gegen von der Küste anrückende Feinde schützen sollte. Man kann den Wall entlang spazieren und die schöne Aussicht genießen. Nahe bei den oben genannten Türmen steht eine kleine Landkirche, die jetzt von Häusern umgeben ist. Es heißt, dass diese Kirche an der Stelle steht, wo der hl. Paulus verweilte und zu den Menschen predigte, und man hörte seine Worte bis nach Gozo. Ein Statue vor der Kirche zeigt den Heiligen beim Predigen.

In dem Dorf gibt es einige kleine Kirchen neben der Pfarrkirche, die Unserer Lieben Frau der Siege gewidmet ist. Sie ist ein Werk des maltesischen Architekten Tommaso Dingli und wurde in den folgenden Jahrhunderten erweitert. Der Innenraum ist wie bei allen Pfarrkirchen der Inseln reich geschmückt. Zu der Kirche gehört ein kleines Museum mit alten Altarbildern, mittelalterlichen Bildtafeln und einer ganzen Garnitur von Statuen, die bei der Karfreitagsprozession durch die Straßen getragen werden.

In der Nähe von Naxxar liegt die Ortschaft **Għargħur,** die bis vor kurzem nur als ein kleines Dorf galt. Es ist in letzter Zeit jedoch stark gewachsen. Die Umgebung ist landschaftlich sehr reizvoll und bietet eine schöne Aussicht über die Täler auf die Küste mit einigen interessanten alten Häusern. Die Pfarrkirche ist ein weiterer Barockbau mit schöner Innenausstattung und einer prachtvollen Prozessionsstatue des hl. Bartholomäus.

Pfarrkirche von Għargħur

Prächtiger Innenraum im Palazzo Parisio, Naxxar

Oben: Enge und schattige Dorfstraßen bieten Ruhe und Frieden.

Links: Straßenecken in Dörfern sind beliebte Treffpunkte, besonders, wenn es dort auch eine Kneipe gibt.

Oben: Mit einem kleinen Karren erreicht der Gemüsehändler seine Kunden in den engen Dorfstraßen am besten.

Rechts: Der Dorfplatz ist meistens auch die Busendhaltestelle der Ortschaft.

Oben: In vielen Dörfern in Malta werden an verschiedenen Tagen Märkte abgehalten. Man kann frisches Gemüse, Fisch und andere Dinge an Einzelständen (oben) oder Standreihen (links) kaufen.

Oben: Manche Stadthäuser sind mit Heiligenstatuten in Nischen geschmückt.

Rechts: Kleine Kirchen sind typisch für die maltesischen Dörfer.

Oben: Geschlossene Balkone bestimmen oft das Straßenbild. Manche Fassaden sind auch phantasievoll verziert, wie dieses Haus [links] in Għaxaq, dessen Vorderseite mit Muschelmustern geschmückt ist.

Oben: In Cafés und Restaurants im Freien am Meer kann man am Ende des Tages gut entspannen.

Rechts: Stadthäuser sind manchmal kleine Museen, die mit Antiquitäten und anderen Sammlerstücken angefüllt sind.

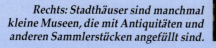

Festas

Ein Besuch Maltas in den Sommermonaten ist ein Erlebnis. Aber dieses Erlebnis ist nicht komplett, wenn man nicht wenigstens eine der religiösen Festas mitgemacht hat, wie sie nur die Malteser zu feiern wissen. Die Dörfer wetteifern miteinander, welches die schönsten Außenveranstaltungen organisiert, die Monate im Voraus geplant werden. Während des Jahres werden Spendenaktionen durchgeführt, damit man beim nächsten Festtag mit etwas Neuem aufwarten kann.

Die Kirchen erscheinen im Festgewand mit all ihrem Silbergerät, Damastbehängen, Kronleuchtern und prächtig geschmückten Altären. Musikkapellen marschieren durch die Dorfstraßen, und am letzten Tag wird der Höhepunkt erreicht, wenn die Statuen der Schutzheiligen auf den Schultern begeisterter Verehrer durch die Straßen getragen werden.

Auf dem Dorfplatz sieht man Marktstände, die allerlei Ess- und Trinkwaren verkaufen. Sehr zu empfehlen ist der typische Nougat, eine harte, zähe Süßigkeit mit kandierten Früchten und Nüssen. Es gibt davon verschiedene Sorten, und die Verkaufsstände dafür sind eine Sehenswürdigkeit für sich.

Alle Straßen sind mit Fahnen, Girlanden und Ziersäulen geschmückt. Auf letzteren stehen gewöhnlich Statuen anderer Heiliger oder Persönlichkeiten, die etwas mit den jeweiligen Schutzheiligen zu tun haben. Diese Holzsäulen sind interessant, weil sie so bemalt sind, als wären sie aus Marmor. Auch ein Feuerwerk gehört zu einer Festa und bildet zusammen mit den Darbietungen der Blasmusikvereine den Mittelpunkt der außerkirchlichen Feiern. Man sollte beim Besuch einer Ortschaft am Festtag nicht nur die Kirche, sondern auch die Musikvereine besuchen, die nicht selten in großen und oft recht alten Palästen untergebracht sind. Auf die zur Schau gestellten Trophäen und Schmuckstücke sind die Mitglieder des Musikvereins besonders stolz.

Vittoriosa im Festkleid für das Fest seines Schutzheiligen, St. Laurentius

Ein großer, reich bestickter Schirm in Paola

Der geschmückte Innenraum der Pfarrkirche von Ghaxaq

Heiligenstatue vor Straßendekorationen

Bodenfeuerwerk vor der Pfarrkirche

Fassade der Kirche von Birkirkara in Festbeleuchtung

Nougatverkäufer

Oben: Am Vorabend des Festtags ziehen Blaskapellen durch die Straßen, damit die Jugend und die jung Gebliebenen ihre Festa richtig feiern können.

Rechts: Blaskapellen gehören einfach zu einer Dorffesta.

Links: Am Vorabend des Festtags wird die Statue der Schutzheiligen feierlich durch die Hauptstraßen der Pfarrei getragen.

Rechts: Manche Pfarreien sind für ihre Feuerwerks- darbietungen sehr bekannt. Sie locken viele Fans an, die sich dort einfinden, um das Spektakel zu bewundern.

Links: Andere Pfarreien organisieren am Nachmittag Pferderennen in einer der Hauptstraßen der Stadt. Ein solches traditionelles Pferderennen findet in Victoria in Gozo statt.

Unten: Auch die im September im Großen Hafen durchgeführte Ruderregatta ist mit einem religiösen Fest verbunden.

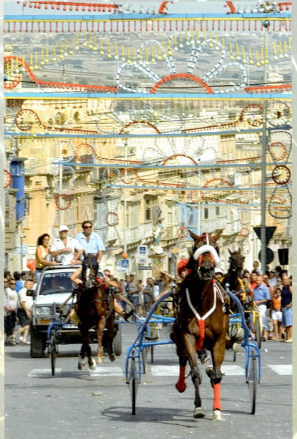

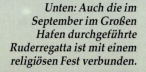

121

Die Meerenge zwischen Gozo und Malta, dazwischen Comino mit seinem Turm

Die Insel Gozo

Man nennt Gozo, die zweitgrößte Insel der Maltesischen Inselgruppe, manchmal die Insel, wo die Zeit stehen geblieben ist. An manchen Stellen sieht es wirklich so aus, als sei die moderne Welt noch nicht dort angekommen. Die Felder sind noch immer kleine Äcker im Familienbesitz, und man benutzt im allgemeinen noch die traditionellen Geräte. Man kann noch Bauern mit Maultieren zu ihren Feldern reiten oder mit klapprigen alten Wagen dorthin fahren sehen. Die meisten Dörfer sind noch immer klein, und in den engen und gewundenen Straßen fühlt man sich in vergangene Zeiten zurück versetzt.

Die Hauptstadt ist Victoria, umgangssprachlich Rabat genannt. Sie stellt eine Mischung aus Alt und Neu dar in einer Gemeinde, die intern und extern stark vom Tourismus lebt. Die Randgebiete von Rabat sind voller moderner Gebäude und Einrichtungen, doch wenn man sich dem Zentrum nähert und dem Platz, der als Hauptplatz der Stadt, wenn nicht der ganzen Insel fungiert, beginnt die Geschichte sich bemerkbar zu machen. Die Gebäude stammen meistens aus dem späten achtzehnten Jahrhundert sowie dem neunzehnten und frühen zwanzigsten Jahrhundert. Die meisten dieser Häuser wurden errichtet, um für den damals benötigten Wohnraum zu sorgen. Heute werden sie fast noch immer zu dem gleichen Zweck genutzt. Auf dem Platz herrscht reges Treiben. Am Vormittag sieht man hier die Marktstände mit Händlern, die allerlei Schnickschnack anbieten, sowie die typischen Gemüse- und Fischverkäufer. In der Nähe kann man auch antike Möbelstücke oder Andenken kaufen. Von diesem Platz aus kann man entweder durch die alten mittelalterlichen Straßen zur St. Georgs Basilika spazieren oder zur mittelalterlichen Zitadelle hinaufsteigen mit ihren Festungsmauern, der Kathedrale und einer wunderbaren Aussicht.

Die Zitadelle ist ein Muss für jeden Besucher. Die Atmosphäre dieses kleinen, befestigten Ortes vermittelt einen Eindruck davon, wie gefährlich das Leben der Bewohner früher war. 1551 war so eine schwere Zeit, als ein großes Piratenheer in Gozo landete und nach einer dreitägigen Belagerung den einzigen Kanonier tötete, den es auf der Insel gab. Daraufhin wurden fast alle Bewohner in die Sklaverei verschleppt. Die frühesten Dokumente, die in Gozo überlebt

Die grüne Landschaft lädt zu einem Besuch der kleinen Insel Gozo ein

Steinidole, die im Xagħra Steinkreis entdeckt wurden

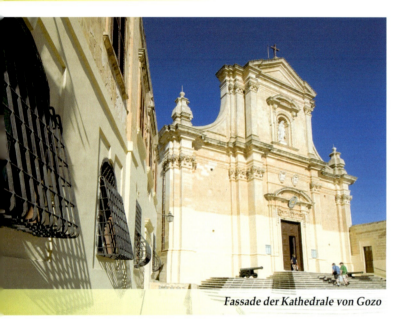

Fassade der Kathedrale von Gozo

Innenraum des Heiligtums Unserer Lieben Frau von Ta' Pinu, Gharb

haben, stammen erst aus der Zeit nach dieser Belagerung. Die Bastionen sind eindrucksvoll, auch wenn sie klein sind. Von hier oben hat man den besten Blick auf das umliegende Land, die Dörfer, die Hügel und die Stadt Victoria zu ihren Füßen. Man kann auch in den Straßen der Zitadelle mit ihren urigen Ecken und kleinen Museen herumwandern. Da gibt es das Archäologische Museum mit seinen interessanten Stücken aus Vorgeschichte und Altertum, das Folkloremuseum naturwissenschaftliche Museum, das Kathedralmuseum und schließlich auch noch das alte kleine Gefängnis. Die Kathedrale mit ihrer großen Freitreppe und der barocken Fassade aus dem siebzehnten Jahrhundert beherrscht das Bild. Sie wurde von dem maltesischen Architekten Lorenzo Gafà entworfen, der auch für die Kathedrale in Malta und viele andere Kirchen verantwortlich war. Das Innere der Kathedrale zieren die üblichen Seitenaltäre, Gemälde und Statuen sowie eine ins Auge fallende gemalte falsche Kuppel, die von einem italienischen Maler des achtzehnten Jahrhunderts stammt.

Auch die andere Seite von Rabat zur St. Georgs Basilika hin ist einen Besuch wert wegen ihrer engen Straßen, interessanten baulichen Details, der Kirche selber und den kleinen, offenen Plätzen. Von dieser Stadt aus kann man alle anderen Sehenswürdigkeiten in Gozo besuchen, weil sich hier die Hauptbushaltestelle befindet. Man sollte auch die abseits gelegenen anderen kleinen Dörfer und Sehenswürdigkeiten nicht verpassen. Man kann Gozo auf die Schnelle an einem Tag besuchen, doch empfiehlt sich ein Aufenthalt von mehreren Tagen, denn es gibt viel mehr zu sehen als man denkt.

Ein Dorf, das man wegen seiner historischen und baulichen Denkmäler nicht verpassen darf, ist Xagħra. Die prähistorischen Tempel von Ggantija sind das älteste freistehende Bauwerk der Welt und ein UNESCO Weltkulturerbe. Der Komplex ist sehr eindrucksvoll, obwohl er in Trümmern liegt. In der Nähe steht eine kleine restaurierte Windmühle mit einem Folkloremuseum. Auf der anderen Seite des Xagħra Plateaus liegt die berühmte Calypso Grotte, die mit der Sage von Odysseus verbunden ist, der hier von der Nymphe Calypso sieben Jahre gefangen gehalten wurde, bevor er zu seiner Frau Penelope zurückkehren durfte. Von dort aus, besonders vom Eingang zu einer kleinen Höhle, hat man einen herrlichen Ausblick. Die Sandbucht darunter ist reich an archäologischen Fundstücken. Unter den Sanddünen sind noch immer die Überreste römischer Bäder begraben. Dann gibt es auch noch Festungsanlagen, die meistens aus dem achtzehnten Jahrhundert stammen; eine davon war eigentlich ein Wall, der auf dem Meeresboden errichtet wurde, um Angreifer abzuhalten. Die lange schwarze Linie, die sich durch die Bucht zieht, ist alles, was von diesem Wall noch zu sehen ist.

Auch die Basilika von Ta' Pinu sollte man nicht versäumen. Sie ist eine der wenigen Kirchen, die jenseits von territorialer Kirchturmpolitik entstanden sind. Sie wird von allen Menschen besucht, und man betet in dieser Kirche gewöhnlich um

Beistand oder man dankt der Madonna für bereits gewährte Hilfe. Man kann diese große Verehrung bei einem Besuch der Kirche spüren. Die Architektur der Kirche ist einzigartig, besonders die Steinmetzarbeiten, und man sollte sich auch die vielen Votivgaben anschauen, die der Madonna über Jahrhunderte als Zeichen des Dankes gewidmet wurden. Alle Seitenaltäre haben an Stelle von Altarbildern Mosaiken; nur das Originalbild der kleinen Kirche ist auf Leinwand gemalt. Diese Verehrung geht auf eine unverheiratete Frau zurück, die auf dem Rückweg von der Feldarbeit hier zu einem kurzen Gebet zu verweilen pflegte und von einer Reihe von Erscheinungen der Madonna berichtete. Die Kirche erkannte der an und die Leute begannen, Wallfahrten zu veranstalten. Die Kirche gehört zum Pfarrbezirk von Għarb, und ein Besuch des Dorfplatzes von Għarb und Spaziergänge in der Umgebung sind sehr zu empfehlen. Die Fassade dieser Pfarrkirche ist recht ungewöhnlich. Ein Besuch des privaten kleinen Folkloremuseums lohnt sich sicher auch.

Dwejra ist ein landschaftlich reizvolles Gebiet, das viele Besucher aus unterschiedlichen Gründen anlockt. Der Anblick ist spektakulär, das Meer ist immer einladend und ein Spaziergang dort sehr belebend. Es gibt das einmalige Binnenmeer, und man kann leicht mit einem Boot durch den natürlichen Tunnel aufs Meer hinaus fahren. Dann gibt es das Blaue Fenster mit dem tiefblauen Meer, das fast ständig von Tauchern wimmelt. Spaziergänge dort sind ebenfalls zu empfehlen, besonders in den kühleren Monaten. Auf der anderen Seite des Binnenmeers liegt eine andere kleine Bucht mit einem enormen Felsen, die Booten Schutz bietet. Der Zutritt zu diesem Felsen, dem Pilzfelsen, ist eingeschränkt, da er zum Naturschutzgebiet erklärt wurde. Im achtzehnten Jahrhundert war er sogar von Staats wegen geschützt, weil man einer Pflanze, von der man glaubte sie komme nur dort vor, besondere Heilkräfte nachsagte. Deshalb stellten die Großmeister die Pflanze und den Felsen unter Schutz. Obwohl wir heute wissen, dass diese Pflanze auch anderswo wächst, gilt der natürliche Lebensraum dieses Felsens als äußerst wichtig und wurde gesetzlich geschützt.

Der kleine Küstenwachturm aus dem siebzehnten Jahrhundert, die kleine der hl. Anna geweihte Kirche und die vielen kleinen Bauten Gebiet laden zum Verweilen in diesem idyllischen Gebiet ein. Auf dem nackten Globigerina Kalkstein kann man auch die rätselhaften Karrenspuren sehen, über deren Funktion und Datierung man noch immer streitet. Wenn man am Strand entlang spaziert, kann man auch Fossilien bemerken, die zur Naturgeschichte der Inseln gehörten. Ihr Studium ergibt Anhaltspunkte für die Entstehung der Inseln und ihren Entwicklungsprozess. Das Sammeln von Fossilien ist gesetzlich verboten.

Nadur ist ein weiteres großes Dorf. Seine Pfarrkirche beherrscht den Horizont und den Dorfplatz. Die kleinen Buchten in seiner Nähe sind bei den Einheimischen und den

Fortsetzung Seite 130

Römisches oscillum *aus dem Archäologischen Museum*

Dorfplatz von Għarb

Geologische Formation beim 'Binnenmeer'

Oben: Die mittelalterlichen Befestigungen der Zitadelle passen gut zu den späteren Mauern.

Rechts: Hauptgang des prähistorischen Nordtempels von Ggantija. Er vermittelt einen guten Eindruck von den Steinen, die man zum Bau der ältesten freistehenden Bauwerke der Welt verwendete.

Links: Laut Homer behielt Calypso Odysseus sieben Jahre bei sich. Der Tradition nach bildeten die grünen Felder, das schöne Meer und der Sandstrand der Ramla Bucht ihr Zuhause.

Rechts: Der kleine und betriebsame Hafen von Mġarr, der den Seeverkehr zwischen den beiden Hauptinseln kontrolliert.

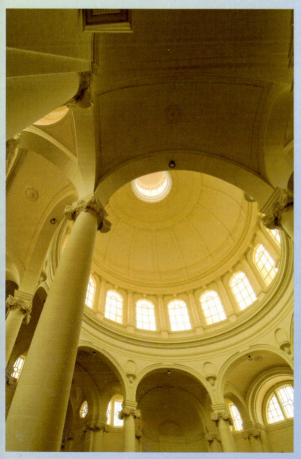

Links: Die große und moderne Pfarrkirche von Xewkija beeindruckt mit einer der größten Kuppeln in der Welt.

Unten: Fassade der Pfarrkirche von Nadur. Sie wurde im 20. Jahrhundert dem Bau aus dem 17. Jahrhundert vorgesetzt.

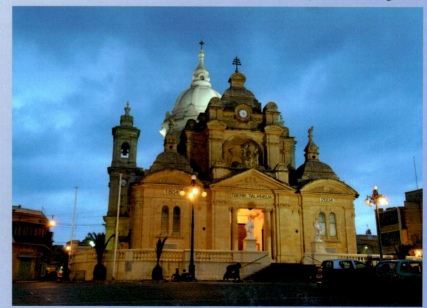

Links: Die Küste lädt zu Spaziergängen ein, besonders in der Nähe des Pilzfelsens bei Dwejra. Man glaubte, dass eine bestimmte Heilpflanze nur an dieser Stelle wüchse. Das Betreten des Felsens ist verboten.

Rechts: Das Blaue Fenster bei Dwejra, ein beliebter Ort für Fotografen und Taucher. In dem Blauen Loch davor kann man interessante Tauchgänge unternehmen.

Oben: Die unlängst erschlossene Bucht von Xlendi ist bei Urlaubern und Bootsbesitzern sehr beliebt.

Links: Die typischen kleinen Terrassenfelder werden mit modernen Geräten bearbeitet.

Oben: Besucher beim Umzug am Festtag des hl. Georg in Victoria, Gozo

Rechts: Qbajjar bei Żebbuġ (Gozo) bietet klares Wasser in geschützten Buchten. Einige dieser alten Salzpfannen werden noch benutzt.

Fortsetzung von Seite 125

wenigen Touristen, die sie zu finden wissen, sehr beliebt. Die Landschaft lädt zu Spaziergängen ein, und man kann von hier aus bequem die Küste oder nahegelegene Dörfer erreichen. Ein Spaziergang zum Kennuna Turm bietet einen schönen Blick auf die Landschaft und den Meeresarm zwischen den Inseln. Man kann den Schiffsverkehr verfolgen und man sieht auch die beliebte Blaue Lagune in Comino.

Von dieser hoch gelegenen Stelle kann man auch gut Xewkija sehen mit seiner riesigen Kuppelkirche, die nicht nur das Dorf, sondern auch die umliegende Landschaft beherrscht. Das Dorf galt lange Zeit als besonders gefährdet, weil es gewöhnlich zu den ersten gehörte, das von Piraten überfallen wurde. Deshalb wurde eine Reihe von kleinen Wachtürmen gebaut, von denen einer noch steht. Dieser Turm steht an der Straße zu dem kleinen Hubschrauberlandeplatz, der eine Luftverbindung zwischen den Inseln ermöglicht.

Die Pfarrkirche von Xewkija ist bewundernswert. Allein schon ihre Größe für eine Dorfkirche, die Skulpturen und Verzierungen im Innern und der Blick vom Dach sind beachtlich. Ein weiterer Reiz besteht darin, dass die alte Kirche, eine kleine, aber äußerst interessante Barockkirche, nicht ganz abgerissen wurde. Die Altäre wurden zerlegt und in einem Anschein von Ordnung nahe bei der Hauptkirche wieder zusammengebaut. Daher kann der Besucher von heute sich ein Bild davon machen, wie die Skulpturen der alten Kirche und ihr Schmuck aussahen.

In Gozo kann man das Leben in einer langsameren Gangart genießen. Die vielen kleinen Dörfer, die geringe geographische Ausdehnung und die kurzen Entfernungen erlauben es dem Besucher, sehr viel von der Insel zu sehen. Hier kann man sehr gut spazieren gehen und alles auf sich wirken lassen - die Landschaft, das Meer, die kleinen Bauernhöfe, die Kirchen, die Legenden und die fleißigen Bauern.

Es gibt zahlreiche Buchten zum Schwimmen im klaren blauen Wasser und zum Entspannen. Manche davon sind nicht ganz einfach zu erreichen, doch sind sie meist gut ausgeschildert und nicht so überlaufen wie die Buchten in Malta. Am beliebtesten ist die Ramla Bucht mit ihrem schönen roten weichen Sand, der zum Barfußgehen sehr heiß werden kann. Man sollte zwei ausgezeichnete kleine Fischerdörfer besuchen, nämlich Marsalforn und Xlendi, und in Mġarr am Hafen kann man auch gut essen. Es liegt auf der Hand, dass es auf einer kleinen Insel wie Gozo mit ihren Fischern eine Reihe guter Fischrestaurants gibt. Zu einem Bummel am Abend bietet sich die betriebsame Marsalforn Bucht mit ihren verschiedenen Restaurants an. Und in Xlendi gibt es neben einer reizvollen Tallandschaft auch Restaurants direkt am Meer.

Die bei Einheimischen und Touristen gleichermaßen beliebte große, offene Bucht von Marsalforn

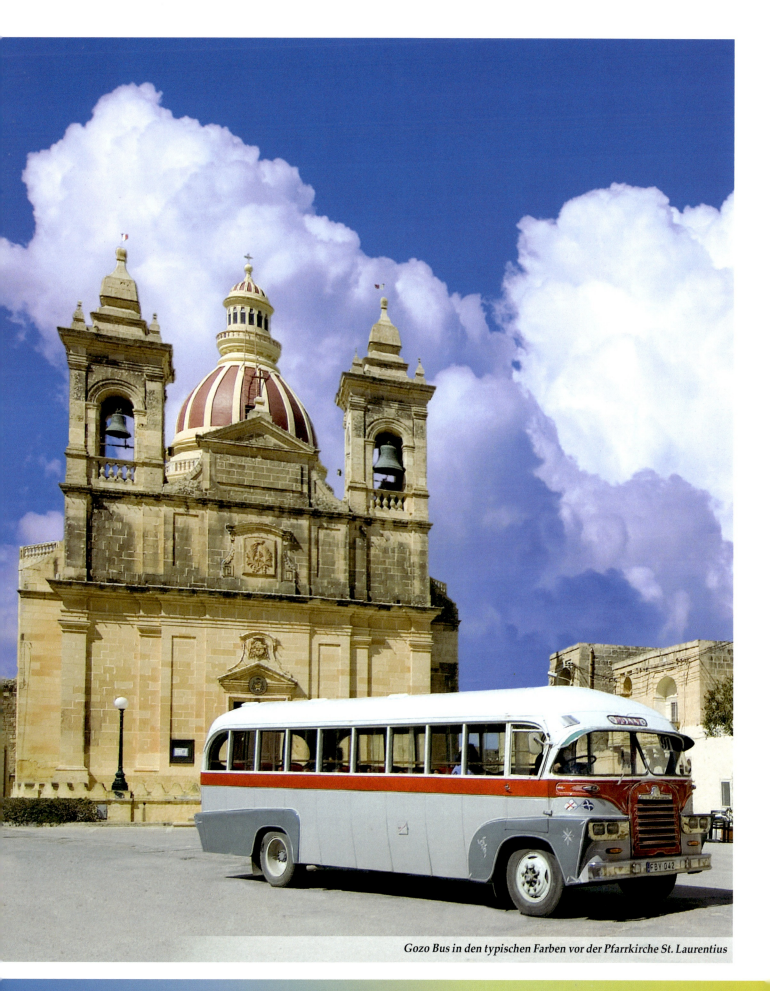

Gozo Bus in den typischen Farben vor der Pfarrkirche St. Laurentius

Der 1618 zum Schutz der Schfffahrt zwschen den Inseln erbaute Comino Turm

Comino

Die Insel Comino, die zwischen den beiden größeren Inseln Malta und Gozo liegt und die man gewöhnlich nur bei der Überfahrt zwischen diesen wahrnimmt, ist für ihre unberührte Natur und das sie umgebende klare Meer bekannt. Sie ist bei Maltesern und Touristen gleichermaßen beliebt, besonders in den Sommermonaten.

Die Insel ist bis auf eine Bauernfamilie, die dort noch Landwirtschaft betreibt, praktisch unbewohnt. Sie verfügt über eine kleine Kirche, die im Sommer immer von Besuchern überfüllt ist. Sie stammt aus dem Mittelalter und weist einmalige Baumerkmale und Innenausstattung auf.

Der Turm wurde 1618 von Großmeister Alof de Wignacourt erbaut, der den Bau und Geschütze dafür aus seiner eigenen Tasche bezahlte. Er diente zum besseren Schutz der Leute, die hier übersetzen wollten. Die maltesischen Streitkräfte benutzen den Turm noch heute zu Beobachtungszwecken. Das große Gebäude in der Nähe wurde von den Briten als Krankenhaus gebaut. Auf der Malta zugewandten Seite steht eine unlängst restaurierte Küstenbatterie, die mehr Feuerschutz gegen Angriffe vom Meer aus bieten sollte.

Das eindrucksvollste Gebiet von Comino ist die Blaue Lagune. In diesem Teil des Meeres, der im Schutz des Inselchens Cominotto liegt, ist das Wasser fast immer ruhig und sicher zum Schwimmen. Das Meer ist tief, auch wenn es nicht so aussieht, aber man schwimmt dort sicher. Gute Schwimmer können ohne weiteres zu dem Inselchen schwimmen. Man erreicht Comino mit einem der kleinen Fährboote von den Anlegestellen des Gozo-Fährschiffs in Malta oder Gozo aus, oder bei einer der vielfach angebotenen Ausflugsfahrten. Wer einen wirklich erholsamen und ruhigen Urlaub verbringen möchte, kann auch in dem einzigen Hotel auf der Insel wohnen, die ein Naturschutzgebiet ist. Neben der Blauen Lagune gibt es noch andere schöne Felsstrände, wo man auch gut schwimmen kann.

Die berühmte Blaue Lagune auf Comino mit ihrem glasklaren Wasser

Oben: Beim Tauchen im klaren Wasser vor Comino hat man eine sehr gute Sicht.

Rechts: Ein Spaziergang entlang der Küste von Comino ist sehr reizvoll.

Links: Im Liegestuhl i. einer Höhle direkt am Meer entspannen - ein typischer maltesischer Sommertag.

Der St. Maria Turm über den Kliffen von Comino schützt noch immer die Boote, die zwischen den Inseln verkehren.

Links: Das Innere der mittelalterlichen und einzigen Kirche ist sehr interessant. Ihre Architektur und ihr hölzernes Altargitter machen sie zu einem wichtigen Denkmal der lokalen Architekturgeschichte.

Unten: Ein Luftbild von Comino gibt ein besseres Bild von der Lage der Insel gegenüber der Hauptinsel.

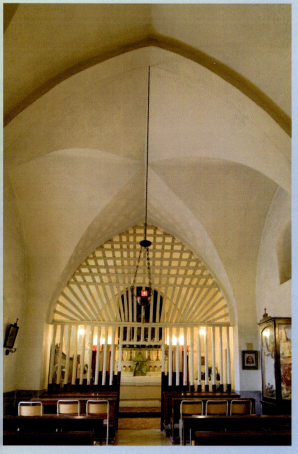

Von Buskett nach Għar il-Kbir und Dingli

Man kann den Buskett Park mit Bus Nr. 80 oder Nr. 81 erreichen. Ersterer fährt nur bis Rabat, während der letztere nach Dingli weiterfährt. Es empfiehlt sich, die Wanderung von der Busendhaltestelle in Rabat aus zu beginnen, denn es gibt unterwegs mancherlei zu sehen.

Folgen Sie den Wegweisern nach Buskett and seien Sie dabei vorsichtig, weil auf der Straße meist viel Verkehr herrscht. Als erstes bemerkt man zwischen einer Tankstelle und dem alten Santo Spirito Krankenhaus eine archäologische Ausgrabungsstätte. Hier fand man Material aus frührömischer Zeit. Das alte Krankenhaus, das vor der Ankunft des Johanniterordens das einzige in Malta war, wurde noch bis in die sechziger Jahre des letzten Jahrhunderts benutzt. Heute ist dort das Nationalarchiv untergebracht, in dem vor allem Urkunden seit der Zeit der Briten gesammelt sind. Hier in Rabat wurde die erste Kirche mit Kloster des Dominikanerordens errichtet, die auch heute noch ein bedeutendes Marienheiligtum ist. Das nächste bedeutende Bauwerk auf dieser Wanderung ist der Präsidentenpalast, der früher Sommerresidenz der Großmeister und der britischen Gouverneure war. Der Verdala Palast wurde von Gerolamo Cassar im sechzehnten Jahrhundert erbaut. Er wurde im achtzehnten Jahrhundert verschönert und hat seinen Charakter als edle Residenz bewahrt. Das Innere ist reich mit Bildern und antikem Mobiliar geschmückt. Vom Dach hat man einen wunderbaren Blick. Auf dem Gelände steht auch eine kleine Kirche, die noch benutzt wird.

Bei der Wanderung merkt man schnell, warum die Großmeister ihren Landwohnsitz hier haben wollten, weg von den Sorgen der Regierung und nahe beim Buskett Park, wo sie ihrem Lieblingshobby nachgehen konnten, der Jagd. Dieses Wäldchen spielt auch heute noch eine große Rolle, besonders am Feiertag Peter und Paul oder *Imnarja*, wie er in Malta heißt. An diesem Tag findet hier eine Landwirtschaftsausstellung statt, und am Vorabend des 29. Juni, des Feiertags, treffen sich hier viele Familien und Freunde, um zusammen Kaninchen zu verspeisen, Wein zu trinken oder zu singen, wie ihre Vorväter es zu tun pflegten.

Der eindrucksvolle Verdala Palast im Buskett Park

Recht interessant sind die Karrenspuren der Clapham Junction in der Gegend. Es handelt sich dabei um eine einmalige Reihe von Karrenspuren, die schon in dem Abschnitt über Archäologie erwähnt wurden. Es gibt hier eine ganze Menge davon, und da es so viele sind, wurde die Anlage nach dem geschäftigen Londoner Bahnhof benannt. Ganz in der Nähe befindet sich der größte Höhlenkomplex, von dem man weiß, dass er bis ins frühe neunzehnte Jahrhundert bewohnt war. Verschiedene Dokumente belegen, dass die Gemeinschaft hier mit ihrem Lebensstil ganz zufrieden war und sich selbst immer als die Bewohner von Għar il-Kbir, der 'Großen Höhle' bezeichneten. Im neunzehnten Jahrhundert vertrieben die britischen Behörden, die wegen der unhygienischen Lebensbedingungen der Gemeinschaft den Ausbruch einer Epidemie fürchteten, die Bewohner gewaltsam und zerstörten einen Teil der Decke, damit sie nicht zurückkehren konnten.

Wenn man weiter wandert zu den Kliffen von Dingli, kommt man auf den höchsten Bergrücken in Malta, von wo man die hohen Kliffe in dem Gebiet und das Inselchen Filfla gut sehen kann. Von dort sollte man zu dem Dorf Dingli weiterwandern und den Bus zurück nach Valletta nehmen.

Das mittelalterliche Santo Spirito Hospital, Rabat

Die rätselhaften und umstrittenen Schleifspuren

Stille und Weite des Kreuzgangs im Dominikanerkloster

Mittelalterliche Höhlenwohnungen von Għar il-Kbir

Von Mġarr nach Mellieħa

Nehmen Sie Bus Nr. 47 von Valletta und beginnen Sie die Wanderung am Dorfplatz von Mġarr. Dieses Dorf zeichnet sich aus durch seine Pfarrkirche mit ihrer ovalen Kuppel, welche die Silhouette und die Landschaft beherrscht. Es gibt hier zwei bedeutende prähistorische Fundstätten, die beide besichtigt werden können: die Tempel von Skorba, zu denen auch Überreste des ältesten Dorfes in Malta gehören, und die Tempel von Ta' Ħaġrat näher beim Dorfplatz.

Gehen Sie in Richtung der Ġnejna Bucht, vorbei an einem Gebäude, das als Zamitello Palast bekannt ist. Nach einer mit diesem Palast verbundenen Legende lief die Tochter seines Besitzers von zu Hause weg, weil sie einen alten sizilianischen Adligen nicht heiraten wollte. Man kann entweder bergab zur Ġnejna Bucht spazieren und dann den Berghang hinauf dem Weg zu dem Küstenwachtturm aus dem siebzehnten Jahrhundert folgen, oder man kann die Straße rechts nehmen und weitergehen, bis der Turm ins Blickfeld kommt. Gehen Sie bis zu diesem Turm, verweilen Sie und bewundern Sie die Aussicht und die strategische Lage dieser Türme. Wenn Sie auf dem Höhenzug weitergehen, kommen Sie an eine Stelle, von der

Sie auf eine weitere Bucht hinabblicken können, Għajn Tuffieħa Der Weg zu der Bucht kann ein bisschen anstrengend sein, ist aber nicht gefährlich. Auf dem Plateau zwischen den beiden Buchten gab es um 2000 v. Chr. eine bronzezeitliche Siedlung. Diese Bucht war auch als Militärbucht bekannt, weil sie vom britischen Heer zur Ausbildung seiner Soldaten benutzt wurde. Beachten Sie die reizvolle Flora und Fauna. Die Lehmkliffe liefern das nötige Wasser für das bisschen Grün, das man hier sehen kann. Die andere Bucht ist als Goldene Bucht bekannt und bei Maltesern und Touristen gleichermaßen beliebt. Alle drei Buchten hier werden sehr gern besucht, besonders im Sommer.

Folgen Sie dem Pfad hinter dem Radisson Hotel zu einer kräftigenden Wanderung mit wunderbarer Aussicht, einer Brise vom Meer und offener Landschaft. Der Weg führt zur Ankerbucht, dem Drehort für die Filmaufnahmen zu *Popeye* mit Robin Williams. Eine kurze Wanderung bringt Sie nach Għadira bzw. zur Mellieħa Bucht. Wenn Sie noch weiter spazieren wollen, können Sie den Għadira Naturschutzpark besuchen oder zum Roten Turm hinaufwandern. Von der Busendhaltestelle der Mellieħa Bucht verkehren Busse nach Valletta.

Die Mariä Himmelfahrt geweihte Pfarrkirche von Mġarr

*Oben: Trilithoneingang zum
prähistorischen Ta' Ħaġrat Tempel.*

*Rechts: Luftaufnahme des Ausgrabungsgebiets von
Skorba, einer bedeutenden prähistorischen Anlage.*

*Oben: Die Bootshäuser in der
Ġnejna Bucht im Sommer.*

*Links: Palazzo Zamitello - ein
ungewöhnlicher Landsitz.*

*Oben: Strand und Landschaft
von Għajn Tuffieħa.*

*Rechts: Naturschutzgebiet an
der Bucht von Mellieħa.*

Von Siġġiewi nach Wied iż-Żurrieq

Nehmen Sie den Bus Nr. 89 und halten Sie auf dem Dorfplatz von Siġġiewi. Folgen Sie den Hinweisschildern zu Limestone Heritage; man kann die Wanderung recht gut mit einem Besuch dieser äußerst interessanten Stätte beginnen. Hier wurde ein stillgelegter Steinbruch in eine lehrreiche Touristenattraktion verwandelt. Man kann hier die Entwicklung der Natursteingewinnung kennen lernen und sich in einem Steinbruch umschauen. Es gibt auch ein kleines Museum mit alten Handwerksgeräten. Kehren Sie dann zur Hauptstraße zurück und folgen Sie den Wegweisern nach Wied iż-Żurrieq.

Auf der Straße herrscht meistens Verkehr, aber die Wanderung führt über Landstraßen. Unmittelbar vor der Ortschaft steht eine kleine Kirche, die noch immer ein bemerkenswertes Bauwerk ist. Sie entstand im achtzehnten Jahrhundert und ist Unserer Lieben Frau von der Vorsehung geweiht; der Portikus wurde angefügt, als das Gebäude sich zu senken begann. Nach der Kirche wird das ganze Gebiet als 'von der Vorsehung' bezeichnet. Den gleichen Namen führt auch eine sehr dankenswerte Einrichtung, das Haus der Vorsehung, eine Gruppe von Gebäuden, ursprünglich eine ganz kleine Organisation zur Unterbringung von Behinderten, besonders wenn deren Familien sie nicht zu Hause betreuen konnten. Diese Institution, die von einem Priester ins Leben gerufen wurde, ist ein karitatives Unternehmen, das nur durch Spenden finanziert wird. Daher ist der Name 'Haus der Vorsehung' besonders passend.

Das Gebiet ist von fruchtbaren Feldern umgeben, und der Stein eignet sich gut als Baumaterial. Man kann der Straße folgen, die nach Għar Lapsi hinunterführt, einer der wenigen kleinen Buchten auf dieser Seite der Insel. Sie wird von Fischern benutzt, die ihre Boote und ihr Fangzeug in kleinen, in den Felsen gehauenen Räumen lagern.

Wer unternehmungslustig ist, kann an der Küste entlang wandern und kommt dann schließlich unterhalb der prähistorischen Tempel von Mnajdra an. Man kann aber auch zur Hauptstraße zurückkehren und dann nach Ħaġar Qim und Mnajdra wandern. Hier sollte man unbedingt verweilen, besonders wenn man sich für die Vorgeschichte interessiert. Um nach Wied iż-Żurrieq zu gelangen, geht man die Hauptstraße entlang bis zu dem Punkt, wo eine Straße zu dieser reizvollen Bucht hinunterführt. Dort gibt es eine kleine Anlegestelle, wo besonders am Vormittag viel Betrieb ist, wenn Touristen von dort aus mit Booten zur Blauen Grotte und den anderen Höhlen in diesem Bereich fahren. Man kann dann entweder weiter wandern in die Ortschaft Żurrieq und von dort den Bus nach Valletta nehmen, oder man kann auf einen Bus warten, der dort allerdings nicht sehr regelmäßig vorbeikommt.

Dorfplatz von Siġġiewi

Limestone Heritage - ein Steinbruch wird zum Erlebnis

Unsere Liebe Frau von der Vorsehung, Siġġiewi

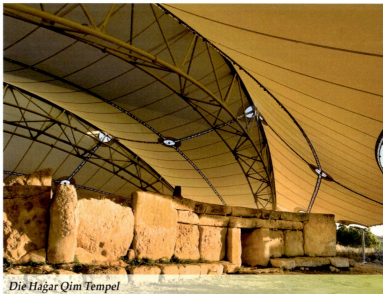

Die Ħaġar Qim Tempel

Bootsfahrten zur Blauen Grotte

Fischer in Għar Lapsi

Von Victoria nach Għadira ta' San Rafflu

*I*n Gozo kann man viele schöne Wanderwege finden. Diese Wanderung ist nicht schwierig und führt durch eine Reihe interessanter Plätze. Beginnen Sie im Zentrum von Victoria und folgen Sie dem Weg zu den kleinen Ortschaften Kerċem und Sta Luċija.

Kurz bevor Sie nach Kerċem kommen, sollten Sie die Hauptstraße verlassen und zu dem kleinen Lunzjata-Tal gehen, einer Oase der Ruhe das ganze Jahr über. Es gehörte einmal zu einer kirchlichen Pfründe und galt wegen der vielen Wasserquellen als besonders reich. Eine kleine Kirche steht unmittelbar an der Kliffwand. Die Kirche ist der Verkündigung geweiht, daher der Name des Tales, und wird gut gepflegt und von den Anwohnern und Bauern benutzt. Obwohl sie recht klein ist, finden hier alle wichtigen religiösen Funktionen statt. Wenn man weiter das Tal hinunter geht, sieht man unter einer kleinen Steinbrücke über das Tal einen Wasserlauf. Die Felder liegen nie brach. Der Weg hält vor einem öffentlichen Wasserbrunnen, wo frisches Wasser aus in den Felsen gehauenen Kanälen herausläuft und Abkühlung bietet, besonders in den heißen Sommermonaten. Gehen Sie weiter zur Pfarrkirche von Kerċem, einer kleinen, aber reich geschmückten Kirche, die Sie besuchen können, wenn sie geöffnet ist. Gehen Sie dann auf der Straße seitlich der Kirche weiter. Auf den Wegweisern steht Sarraflu oder San Rafflu. Von dieser hochgelegenen Stelle hat man eine herrliche Aussicht. Besonders bietet sich hier ein ganz ungewöhnlicher Blick auf die Bucht von Xlendi.

An Ende dieser Wanderung kommt man zu einem kleinen Süßwasserteich mit üppiger Vegetation, der normalerweise von Wasservögeln und Fischen belebt ist. An der Kurve der Straße kann man links abgehen auf einen Pfad, der zu den Feldern führt. Wenn Sie diesem Pfad etwa 30 Minuten lang folgen, kommen Sie zum Rand des Kliffs. Beachten Sie die Überreste eines punischen Heiligtums und genießen Sie eine der schönsten Aussichten in Gozo auf das Gebiet um Dwejra und den Pilzfelsen. Für diese Wanderung sollte man schwindelfrei sein und aufpassen, nicht zu nahe an den Felsrand zu gehen. Ansonsten ist diese Wanderung sehr interessant.

Die zerklüftete Küste bei Xlendi

Oben: Die kleine
Pfarrkirche in Kerċem

Rechts: Die Verkündigungskirche
im fruchtbaren Lunzjata Tal

Oben: Blick auf Dwejra und den
Pilzfelsen von der Wardija Anhöhe

Links: Għadira (Teich) ta'
Sarraflu bei Kerċem

Unten: Punisches Heiligtum
am Kliffrand von Wardija

MALTA
Geschichte und Traditionen

Erstausgabe in Malta 2007 (republizieren 2008, 2010)
durch Book Distributors (BDL) Limited
Hergestellt in Zusammenarbeit mit Promotion Services Ltd.

ISBN :
978-99909-72-85-6 (Paperback)
978-99909-72-86-3 (Gebundene Ausgabe)

2007 Book Distributors Limited

Verfasser: Vincent Zammit

© 2007 Text: Book Distributors Limited

Karten und Pläne in dem Buch stammen von Map Data
© 2007 RMF Publishers & Surveys Ltd. Malta

Fotos und Design: © 2007 Daniel Cilia
Die Hauptaufnahmen wurden mit Fuji FinePix S2, S3, S5 Pro Kameras aufgenommen.

Kriegsfotos auf Seite 3, 26 und 27 aus Wikipedia Commons
Fotos vom Unabhängigkeits- und Republiktag DOI, Malta

Druck und Bindung: Gutenberg Press Ltd